나이듦과
죽음에 관한
여성학적 성찰

나이듦과 죽음에 관한 여성학적 성찰

이동옥 지음

한국학술정보㈜

머리말

　이 책은 그동안 학술지에 발표한 7편의 논문들을 수정, 보완해서 한 권으로 묶은 것이다. 여성학에서 노인여성, 노년기에 관한 연구는 다른 주제에 비해 주변화되어 왔다. 하지만 여성학자와 활동가들은 나이듦에 대해 문제의식을 갖고 있고 관련 연구와 교육의 필요성을 인식하고 있다. 또한 한국사회에서는 고령화가 진행되고 있고 여성학에서도 노인 연구에 관한 관심이 증대되고 있다.

　그러나 이 책의 연구들은 고령화의 진행이라는 시류에 부합하기 위해 시작된 것은 아니었다. 필자는 연령과 성의 중층 차별을 인식함으로써 연령의 규범과 역할이 개인, 특히 여성의 삶에 영향을 미치고 있음을 발견하게 되었다. 또한 필자는 나이듦, 죽음, 보살핌, 의존에 대한 공포를 깨닫게 되었고 여성학 연구자로서 이 문제를 인식하면서 글을 쓰게 되었다.

　이 책은 여성주의 관점에서 다음과 같은 내용을 세부적으로 다루고 있다.

　첫째, "여성의 나이듦, 아름다움, 노화방지의학"에서는 여성의 나이듦이 남성의 나이듦과 어떻게 다른 맥락에 있는지 분석, 고찰했다. 나이듦이 미의 기준과 관련해서 여성들의 삶에 어떠한 영향을 미치고 있고 노화방지의학이 젊어지고 싶어 하는 여성들에게 과연 희망을 주는지 살펴보았다.

둘째, "노인여성의 역할 분석과 역할 모델"에서는 텔레비전 드라마를 중심으로 노인여성의 역할을 분석했다. 이 글에서는 어머니, 아내의 위치에 국한되지 않고 노년기를 도전과 기회로 삼는 여성들의 역할 모델을 창출하는 의미와 그 중요성을 고찰했다.

셋째, "한국의 노인 성담론과 여성의 위치"와 "영화에 재현된 노인여성의 성과 사랑"에서는 한국사회의 노인 성담론의 남성중심성을 비판하고, 영화를 통해 노인여성의 위치에서 성과 사랑을 논하면서 대안적인 성을 제시하고자 했다.

넷째, "노인여성과 의존자의 지위"에서는 가사노동과 손자녀 양육을 하고 있는 노인여성들을 의존자로 규정하는 것에 대한 부당함에 대해 문제를 제기하면서 이들의 삶을 어떻게 지원할 것인가를 살펴보았다.

다섯째, "안락사와 죽음 결정에 관한 여성주의 고찰"과 "삶의 과정으로서 죽음에 관한 인식"은 죽음에 관한 사회적 인식과 여성들의 선택에 대해 다루고 있다. 죽음은 삶과 분리되어 비가시화되고 있으므로 죽음 공포는 더욱더 강화되고 있다. 이 부분에서는 죽음을 삶의 연속선상에서 이해하는 한편, 여성들이 원하는 죽음의 방법과 장소에 대해 살펴보았다.

이 책은 필자의 독창성과 상상력에 기반을 둔 것이 아니다. 이 책은 여성주의자들인 보부아르, 프리던, 카퍼, 우드워드, 쏜, 로젠덜, 볼린 등의 저작에 깊이 영향을 받았고, 국내에서는 박혜란의 『나이듦에 대하여』, 또 하나의문화동인의 『여성의 몸 여성의 나이』, 작가 박완서의 저서에서 통찰력을 얻고 있다. 또한 이 책은 이화여대 대학원 여성학과의 수업과 토론이 없었다면 가능하지 않았다. 필자가 연구자로 성장할 수 있도록 이끌어 주신 장필화 선생님을 비롯한 이화여대 여성학과의 모든 교수님들과 선후배님들께 감사드린다.

필자는 이 책을 나이듦과 죽음에 관한 완결된 작업이라고 생각하지 않는다. 이 책을 세상에 내놓는 것은 필자가 선배들의 연구에서 통찰력을 얻었듯이, 이 책이 선배들의 작업과의 연속선상에서 하나의 문제제기가 되어 후속 연구로 이어지기를 희망하기 때문이다. 마지막으로 필자가 소속되어 있는 이화여대 한국여성연구원의 모든 분들과 나이듦과 죽음에 관한 문제의식을 갖게 해주신 엄마 심수진 님께 감사드린다.

2012년 2월
이동옥

차 례

I

. . .

여성의 나이듦, 아름다움, 노화방지의학[1)]

나이들어 주름살이 생기는 것은
당연하고 표정에 따라 잔주름이 만들어지는 것은
자연스러운 일이다.

---

1) 이 글은 『환경과 생명』 2007년 여름호(2007)에 게재된 「나이듦과 죽음에 관한 여성주의 고찰」을 수
정, 보완한 것이다.

나이듦은 자연스러운 일이다. 그러나 사람들은 나이듦을 좋아하지 않는다. 사람들은 나이들어 보인다는 말을 싫어하고 한 살이라도 어려 보이려고 애를 쓴다. 나이듦에 대한 거부감은 젊음 중심의 문화와 관련이 있다. 나이듦은 경쟁과 성취, 업적을 중시하는 자본주의의 가치와 상충된다. 즉, 나이듦은 장애, 질병과 같이 자율성과 독립을 잃어버리는 것으로서 삶의 안정성을 위협하는 것이다. 보부아르(1994)는 나이듦을 우리 안의 타자로 규정한다. 그녀는 사람들이 나이듦을 두려워하는 이유가 노인에 관한 사회문화적 차별과 관련되기 때문이라고 설명하고 있다.

　의학의 발달은 평균수명의 증가와 함께 노인 인구가 늘어나는 결과를 낳았다. 나이듦은 죽음과 밀접한 관련이 있고 나이듦과 함께 죽음도 관심의 대상이 되고 있다. 하지만 많은 사람들은 나이듦의 흔적을 지워내기 위해 먹거리, 다이어트와 운동, 의료적 처치에 몰두하고 소비한다. 이러한 현상은 나이듦을 직시하지 못하고 받아들이지 못하는 문화의 영향을 받고 있음을 의미한다. 나이듦은 경험과 지혜를 상징하는 것이 아니라 참신함, 창조성, 아이디어가 뒤떨어지는 것, 신기술을 습득하지 못하거나 정보수집에서 느린 속도 때문에 경쟁에서 도태되는 것으로 이해된다. 이러한 맥락에서 나이듦은 젊음보다 열등한 지위를 갖는다. 이와 같이 나이듦은 사회적으로 '다르게' 다뤄지고 있다. 특정한 연령이 되면 노동시장에서 은퇴를 해야 한다. '은퇴'라는 명예로운 이름으로 연령차별은 정당화되어왔다.

이 글에서는 젊음의 신화가 우리의 삶을 어떻게 왜곡시키는지 설명하고 그에 따른 문제점을 살펴보고자 한다. 우리 사회에서 나이듦과 죽음의 폄하, 비가시화, 공포가 사회문화적으로 어떻게 구성되고, 특히 여성 자신의 삶과 경험 세계를 해석하는 데에 어떠한 영향을 미치는지 고찰한다. 여기서는 주로 2006년 8월 이후 현재까지 신문, 잡지의 노화방지의학에 관한 기사를 중심으로 나이듦에 대한 사회문화적 맥락과 여성의 삶에 대해 비판적으로 분석하고자 한다. 더 나아가 나이듦을 어떻게 이해하는 것이 행복한 삶을 영위하는 데에 도움이 될지 살펴본다.

1. 젊음의 연장과 생산적 노인상

보부아르는 어머니의 죽음을 통해, 자신이 나이들어가는 과정을 통해 노인문제를 연령 차별로서 인식하게 된다. 그러나 그녀는 젊음/나이듦, 주체/타자라는 이분법의 틀에서 벗어나지 못했다. 보부아르는 젊음과 나이듦을 연속선상에서 파악하기보다 젊음의 회한과 젊음에 대한 갈망을 드러냄으로써 결과적으로 나이듦을 폄하했다고 평가받는다(Woodward,

1994). 이와 같이 나이듦을 인식하고 수용하는 것이 젊음을 유지하기 위한 노력이나 나이듦과 죽음을 회피하는 결과를 낳기도 한다.

노인운동은 불쌍하고 약하고 보호받는 존재, 짐스러운 존재로서 '노인'이라는 고정관념을 깨뜨리고자 노력하면서 연령차별에 저항하고 노인의 임파워먼트를 도모한다. 생산적 노인상이란 노인도 '젊은이만큼' 열정과 의욕, 능력을 갖는 존재로서 무언가를 성취할 수 있고 사회적 역할을 수행함으로써 사회에 참여하는 존재라는 것을 강조한다. 노인은 일하지 않고 젊은이의 부양을 받는 '의존자'라는 인식에서 벗어나서 임금노동을 비롯해서 자원활동 등 '사회에 참여하고 헌신하는 시민'으로서 동등하게 인정받고 싶어 한다. 노인이 특별한 배려보다 동등한 대우를 원하는 방향으로 변화하고 있는 것이다. 노인들 스스로 연령 간의 갈등을 완화하고 새로운 역할모델을 만들어가려는 적극적인 행동을 보여준다. 생산적 노화는 젊음이라는 기준에 맞춰 노인 자신을 부정적으로 인식하고 인정받기 위해 노력하는 것이다. 여기서 젊음이란 사회의 중심 가치로 해석할 수 있다.

그러나 생산적 노인상은 여성의 경험을 충분히 설명하지 못하고 있다. 노인여성들은 자녀 결혼과 남편 은퇴 이후에 가사노동과 손자녀 양육, 남편 보살핌 등으로 은퇴를 하고 싶어도 할 수 없다. 여성들은 노년기에도 가사와 양육에서 자유롭지 못하고 이로 인해 자녀, 남편과 갈등을 겪기도 한다. 또한 생산적 노인상은 공적 영역에서 이루어지는 사회 참여와 활동을 중심으로 평가되기 때문에 여성들의 노동을 제대로 평가하지 못하는 경향이 있다. 또한 생산적 노화는 은퇴 이후 역할상실로 방황하는 노인남성을 중심으로 구성되어 있기 때문에, 본인과 남편 은퇴 이후에도 성역할에서 벗어나지 못하는 노인여성의 삶을 고려하지 못한다.

더욱이 생산적 노인상은 더 이상 독립적일 수 없는 노인들, 즉 누워 있는 노인들, 죽어가는 노인들, 의식을 잃어버린 노인들의 삶을 설명하지 못한다. 생산적 노인상을 강조한다 하더라도 보살핌을 필요로 하는 노인들은 여전히 '의존'으로 정의된다. 오히려 생산적 노인상을 강조할수록, 노인들 간의 연령, 건강상태 등의 차이를 강조할수록, 누워 있는 노인들의 처지는 공적 영역에서 활동하는 건강한 노인들과 대비될 뿐이다. 또한 젊음의 연장으로서 생산적 노인상은 젊음과는 다른 속도의 느림이나 도움이 필요한 존재로서 노인의 삶을 인지하지 못한다. 결국 생산적 노인상은 노인들이 자신의 정체성을 거부하고 젊음과 동일시하고 나이듦을 거부하는 결과를 낳을 수 있다.

현 사회에서 나이듦은 젊음보다 열등한 것으로 해석되고 있지만, 나이듦이 젊음보다 열등한 것만은 아니다. 노인은 젊은이보다 많은 경험과 지혜와 직관을 소유한다는 점에서 자원을 갖고 있다. 또한 노인들은 젊은이들과 경쟁해서 젊은이에게 인정받을 때만 존재의 가치를 갖는 것이 아니다. 노인의 몸은, 질병이나 사고, 전쟁 등이 아니라면 모든 사람이 거쳐야 할 삶의 과정으로서 나이듦과 죽음을 상징한다. 노인의 위치는 나이듦과 죽음이 독립과 자율성을 잃어가는 과정으로 대면하기에 불편한 존재가 아니라, 타자에 대한 의존, 보살핌의 관계가 삶의 조건을 깨닫게 하는 통찰력을 제시한다. 많은 사람들이 나이듦과 죽음을 두려워하는 이 순간에도 사람들은 나이를 먹고 죽어간다. 그럼에도 사람들은 의학기술이나 장수, 건강의 비법을 통해 나이듦과 죽음을 극복할 수 있고 젊음을 최대한 연장하는 것이 행복이라고 생각한다. 그러나 이러한 나이듦을 극복하기 위한 노력에 몰두할수록, 나이듦과 죽음은 더욱더 커지는 오점, 삶의 그림자로 남는다.

2. 여성의 나이듦과 나이듦을 지우는 노화방지의학

생산적 노인상에서 알 수 있듯이, 노인 인구가 증가했다고 해서 나이듦의 공포나 노인의 고정관념이 변화되는 것은 아니다. 나이듦이 장점이 될 수 없는 사회에서 노인은 젊음의 기준에 맞춤으로써 자신이 처해 있는 구체적인 상황을 잊고 싶어 한다. 노화방지의학은 나이들어 아픈 것을 당연하게 생각하는 것에 이의를 제기하고, 노화라는 질병을 치료하고 나이들어서도 질병에 시달리지 않고 건강한 삶을 유지하려는 목적을 갖고 있다.[2] 노인들은 4, 50대에 스태미나를 유지하고 노화의 진행 속도를 지연할 수 있다고 확신하며 노화의 예방 및 치료에 집중함으로써 삶의 질을 향상시키고 인생 말기에 질병과 장애의 기간을 단축하고 싶어 한다 (구병삼 외, 2003: 27). 평균수명이 증가했다 하더라도 노인들은 만성질환을 앓고 있고 약물에 의존해서 살아가는 것은 국민보건의 차원에서 문제가 될 수 있다. 국립노화연구소의 설립은 국민의 구성원으로서 높은 비율을 차지할 노인들이 건강한 상태를 유지하는 것이 국가의 의료비 절감을 위해서 필요하다는 인식에서 비롯한 것이다. 나이든 사람이 젊은 사람에 비해 건강하지 못한 것은 다음과 같은 이유 때문이다. 오타(大田,

---

2) 네이버백과사전. http://100.naver.com/100.nhn?docid=777582.

2000: 120. 123)에 따르면, 나이든 사람은 젊은 사람에 비해 만성질환을 앓을 가능성이 있고 식습관 등의 나쁜 생활습관으로 성인병을 불러일으킬 위험이 높고 급성질환의 경우 병세가 빠르게 진행되며 장기 감염이 다른 장기로 파급되기 쉽다.

한편 노화방지의학은 나이듦에 따라 호르몬 공급이 부족해지므로 성장호르몬, 에스트로젠, 멜라토닌(수면호르몬) 등의 주입을 권장한다. 성장호르몬 주사는 키 작은 아동 및 청소년에게 성장호르몬을 주입하면 키가 자란다고 알려져 있다. 하지만 아동, 청소년이 아니라 노인들이 성장호르몬을 주입하고 있다. 나이들어 성장호르몬이 부족해지므로 이 주사를 맞으면 노화를 방지할 수 있다는 것이다. 메린(Meryn, 2004: 91-93)은 성장호르몬의 효과를 다음과 같이 설명하고 있다. 성장호르몬이 부족하면 체중이 증가하고 근육량은 감소하며 혈중지질이 높아지고 피부가 건조해지고 혈액순환이 되지 않아 손발이 차가워진다. 그러나 성장호르몬 주사를 맞은 후에는 기억력의 향상, 성욕 증가, 심장과 폐 기능 향상, 피부노화 방지 등의 효과를 볼 수 있다. 또한 폐경기의 여성들은 의사의 권유에 따라 에스트로젠을 주입하고 있다. 메린(2004)은 에스트로젠의 주입이 여성에게 도움이 된다고 설명한다. 의학적으로 여성의 폐경은 난소에서 더 이상 에스트로젠을 생성하지 않는 것이다. 하지만 에스트로젠은 여성의 몸매, 머리카락, 피부에 영향을 미치고 콜레스테롤 수치를 감소시키며 자율신경계, 체온조절, 혈액순환에도 관여하기 때문에 에스트로젠의 주입은 여성들에게 유익하다는 것이다. 이러한 이유로 의사들은 폐경 이후의 여성들에게 에스트로젠 주사를 권유한다.

한편 노화방지의학은 젊음의 유지라는 목적을 달성하기 위해 어떤 기술이나 수단도 이용할 수 있다. 그 한계는 상상을 초월하고 때때로 생명윤리의 문제를 불러일으킨다. 그 예로 포톤테라피나 태반주사를 들 수 있다. 포톤테라피는 모 재벌의 회장님이 활용했던 방법으로 '피를 간다', '젊은 피를 수혈받는다'는 괴담으로 알려졌다. 포톤테라피는 피를 정화하는 것으로 피를 몸 밖으로 빼내 자외선레이저로 살균하고 2차 살균한 후 산소를 넣어 다시 몸속으로 주입하는 방법으로서 피를 맑고 깨끗하게 만드는 것이다(≪중앙일보≫, 2007년 3월 13일 자).

또한 태반주사의 경우 태반을 사용해서 노화방지를 한다는 것은 한 인간의 노화방지를 위해 다른 여성의 몸이나 낙태아를 포함한 태아를 수단화한다는 논란을 벗어나기 어렵다. 인간의 태반을 이용하는 것이 인간 존중에 위배되기 때문에 양이나 돼지의 태반을 이용한다면 '동물 학대'라는 비난에서 여전히 자유롭지 못하다. 그럼에도 태반주사의 효능은 널리 알려져 인기를 누리고 있다. 태반주사는 여성에게 호르몬의 분비, 특히 여성호르몬의 분비를 촉진하고 안면홍조, 식욕 부진, 생리통, 전신 무기력 및 만성피로 등에 도움을 주기 때문에 환영을 받고, 남성들에게는 비아그라보다 부작용이 없고 성 기능과 간 기능을 회복시키고, 원활한 신진대사와 탈모 방지에 효과가 있다고 알려져 있다. 특히 숙취 해소에 도움을 준다고 믿어 많은 남성들이 이용하고 있다. 식약청은 태반주사가 잦은 음주로 인해 악화된 간 기능을 개선하는 데 효과가 있다는 연구결과를 기초로 이를 인증했다(≪SBS-TV 뉴스≫, 2011년 1월 6일 자). 또한 국내에서 판매되는 태반화장품은 몇십만 원의 고가의 상품이지만 피부 미백과 노화방지에 효과가 있다고 알려져 소비를 촉진하고 있다.

그러나 관심을 가져야 할 사항은 노화방지의학이 질병 예방 및 관리보다 외모관리에 치중한다는 것이다. 나이는 민족, 인종과 마찬가지로 변화할 수 없는 생물학적인 차이가 차별로 이어지는 요인이다. 노인은 주름살, 흰머리 등의 외모로 차별을 받는다. 젊음 중심의 문화에서 나이 듦의 흔적을 지워내는 것은 다른 구성원들에게 승인을 받는 것이다. 중 년 남성이나 여성이 나이로 인해 일할 기회를 잃지 않거나 젊은이들과 동등하게 대접받고 무시당하지 않기 위해 성형수술이나 피부관리, 태반 주사를 맞는 것은 생존전략으로 해석된다. 그러나 젊음과 같아지려고 할 수록 나이듦을 가리고 지워버림으로써 나이든 자신의 몸을 부정하는 결 과를 낳는다.

나이들어 주름살이 생기는 것은 당연하고 표정에 따라 잔주름이 만들 어지는 것은 자연스러운 일이다. "마흔 살 이후에 자신의 얼굴에 책임지 라"는 말이 있듯이, 주름진 얼굴에서 풍겨 나오는 연륜과 인생의 깊이는 그 사람의 살아온 흔적을 엿보게 해줄 수 있다. 웃음으로 생긴 주름살은 온화함과 부드러움을 보여줄 수도 있다. 외국의 나이든 여배우는 성형수 술로 자연스럽고 풍부한 표정이 사라지기 때문에 젊은 여배우들에게 연 기를 위해 성형수술을 하지 말 것을 권유한다.

그러나 얼굴의 주름살은 생겨서는 안 되는 것이고 부끄러운 것이고 숨겨야 하는 것으로 해석되고 있다. 광고에서는 20대 후반에서 30대 초 반의 여성이 안티에이징 크림을 선전한다. 또한 노인여성인 배우 김수미 는 2011년 청룡영화상 여우조연상을 수상한 소감에서 나이들어 여기저 기 감춰야 할 부분이 많아 화장하는 시간이 길어져서 메이크업아티스트 에게 미안하다고 고마움을 전했다. 주름살은 감춰야 하는 것으로 40세 이후의 주름살은 기능성 화장품만으로 관리되지 않으므로 보톡스, 필러

시술로, 안검하수는 쌍꺼풀 수술과 같은 의학적 개입을 필요로 한다(≪헤럴드생생뉴스≫, 2007년 1월 20일 자).

또한 주름살은 얼굴뿐 아니라 목과 손 그리고 등과 가슴 등 전신의 관리가 필요하다. 특히 목이나 손의 주름은 나이듦을 숨길 수 없으므로 더욱더 관리를 해줘야 하는 것이고 목에 생기는 쥐젖이나 목주름은 레이저 시술로 해결한다고 강조한다. 나이들어 기미나 검버섯이 생긴 얼굴은 자연스러운 것이 아니라 피부과에서 기미나 검버섯을 제거하고 미백작용과 피부의 탄력을 위해 관리를 해줘야 한다(≪주간한국≫, 2006년 10월 20일 자).

노화방지의학은 건강보험의 적용 항목에서 제외된다. 상대적으로 가격이 비싸서 상대적으로 부유한 계층만이 이용할 수 있다. 후유증과 부작용의 여부를 떠나서, 노화방지의학은 소수의 특권층에 한정된다. 따라서 많은 사람들이 나이듦을 관리하는 데에 경제적 부담을 갖고 있다는 것이다.[3] 그러나 젊음을 유지하기 위해 의료비를 소비해야 하고 자기관리를 못하는 사람, 게으른 사람, 무능한 사람으로 인식되지 않기 위해 많은 돈을 들이고 있다면 문제의 심각성은 커진다. 여성에게 아름다움을 강요하는 사회에서 노화방지의학의 강조는 여성들에게 경제적으로 부담을 줄 수 있다. 노화방지의학은 젊은 여성뿐 아니라 나이든 여성에게 여성성과 미의 신화를 강조함으로써 남성의 시선이 정한 미에서 자유롭지 못한 삶을 살게 한다. 더 나아가 성별을 떠나서 외모를 통해 사람의 가치를 평가하는 것은 외모차별을 강화한다. 의학을 통한 외모관리가 자기관리와 계발, 경쟁력으로 해석되고 있다. 이러한 사회문화적 맥락에서

---

3) 양태반주사를 맞는다고 보도된 중국 홍콩의 배우 유덕화, 장만옥, 관지림(失之琳), 이가희(李嘉欣) 등은 수입이 많기 때문에 58만 위안이나 하는 비싼 주사를 지속적으로 맞을 수 있다고 한다(≪내일신문≫, 2007년 4월 13일 자).

나이듦에 대한 의학적 개입이 과연 누구를 위한 것인지 비판적으로 검토되어야 한다.

한편 줄기세포의 미용치료는 피부노화방지를 위한 부유층 여성과 줄기세포를 제공하기 위해 낙태를 종용받는 가난한 국가의 여성 간의 갈등을 드러낸다. 이것은 불임 때문에 고통 받는 미국, 유럽의 여성을 위해 가난한 국가의 여성들이 대리모가 되는 것과 유사한 맥락에 있다. 영국의 부유층 여성들 사이에서 줄기세포의 미용치료는 인기를 얻고 있고 휴양지인 바베이도스의 재생의학연구소(IRM)에서 연간 수백 명이 시술을 받기 위해 기다리는데, 이러한 줄기세포는 우크라이나와 러시아의 가난한 여성에게 낙태를 종용하고 낙태된 태아를 수입함으로써 얻어진 것이다(≪연합뉴스≫, 2006년 8월 8일 자). 줄기세포가 희귀병이나 난치병 환자의 치료가 아니라 부유층 여성의 노화방지를 위해 사용됨으로써 가난한 여성의 몸이 착취당한다면 인권의 차원에서 간과할 수 없다. 표면적으로 부유층 여성의 외모관리가 가난한 여성의 몸을 수단화함으로써 여성 간의 갈등을 자아내는 것처럼 보인다. 하지만 이들의 외모관리가 자아 만족이 아니라 현실 속에서 여성이 사회적으로 승인을 받기 위해 노력하는 행위로서 의미화된다면 여성 간의 갈등으로 해석될 수 없다. 그러한 행위가 과연 누구를 위한 것이고 무엇을 위한 것인지 더욱더 혼란스러워지는 것이다.

게다가 노화방지의학의 시술은 부작용이나 후유증에 대해 알려진 바가 없고, 병원에서는 직장인들이 점심시간을 이용해서 간단히 수술할 수 있는 상품들을 내놓고 홍보해왔다(≪머니투데이≫, 2007년 4월 25일 자). 병원에서는 간단한 시술이라고 홍보하고 있지만 마취나 수술과정에서 위험 가능성을 간과할 수 없다. 그러나 시술받는 사람들에게는 충분한 정보가 제공되지 않고 있다. 태반주사제의 경우 식약청이 안전성을 인정, 유보, 번복하는 일이 일어나고 있다.[4] 이는 회사 간의 과도한 판매 경쟁의 결과로 해석될 수도 있지만 건강의 측면에서 태반주사제의 안전성에 대해 좀 더 신중해야 한다. 이전에도 태반주사제 '리쥬베주'는 2005년 5월 발매한 이래 안정성 때문에 생산이 중단되었다가 식약청의 안정성을 검증받아 판매되었다(≪이데일리≫, 2007년 4월 20일 자). 양태반 주사는 세균 감염의 위험이 있고 부작용도 무시할 수 없으며 계속 주사를 맞다가 멈추면 빠른 노화현상이 온다고 알려져 있다(≪내일신문≫, 2007년 4월 13일 자). 태반주사는 숙취 해소나 해장주사로도 알려져 있지만 남용할 경우 살이 찌고 신경 이상의 부작용이 발생할 수 있다(≪한국일보≫, 2007년 4월 19일 자). 또한 현재 그 부작용이 나타나지 않는다 하더라도 장기적인 차원에서 그 효과를 검증할 필요성이 있다. 한편 에스트로젠 요법을 받은 폐경기의 여성들이 난소암이나 유방암의 발생 위험률이 높은 것으로 알려져서 자연요법을 주장하는 입장도 높다. 또한 보톡스 주사를 맞은 경우, 눈 주위를 세게 문지르면 일시적인 안검하수라는 부작용이 생길 수도 있다(≪머니투데이≫, 2007년 4월 25일 자).

무엇보다 노화방지의학의 부정적인 측면은 나이듦을 극복해야 할 대상으로 삼는 것이다. 이것은 생산적 노인상을 강조하는 것과 같은 맥락

---

4) "2011년 7월 29일 식품의약품안전청(이하 식약청)은 임상 재평가 결과 한국엠에프쓰리의 태반주사제인 플라센트렉스엠에프쓰리주의 유효성이 추가로 인정됐다고 밝혔다. 식약청에 따르면 해당 품목의 재평가 결과 자하거추출물로서 1회 2㎖씩, 1주일에 3회씩 2주간인 총 6회에 걸쳐 피하에 주사하도록 했다. 또한 식약청은 플라센트렉스엠에프쓰리주가 갱년기 장애 증상 개선의 효능 및 효과를 보인다며 재평가했다. 그러나 사람의 태반을 원재료로 해 유래하는 감염증 전파의 위험을 완전히 배제할 수 없다는 것을 환자에게 설명하고 이에 대한 이해를 얻기 위해 노력해야 한다는 내용을 추가했다(≪메디컬투데이≫, 2011년 7월 29일 자)."

에 있다. 노화방지의학은 나이듦을 수용해야 하는 것이 아니라 지연하는 것이 바람직하다고 본다. 사회적 미의 기준은 젊은 여성의 몸을 중심으로 구성된다. 노인여성은 추한 몸, 혐오감을 자아내는 몸으로 규정된다. 노화방지의학은 외모관리가 2, 30대 여성에 한정된 것이 아니라 여성들로 하여금 노년기에 외모에 더 많은 시간과 돈을 투자하게 한다. 여성들은 축 늘어진 목살과 뱃살을 보고 딱딱한 턱선과 타이트한 복근을 원할 때 자기혐오와 비난에 빠진다(Holstein, 2002). 여성의 나이듦은 미의 기준에서 벗어나서 나잇살과 주름살을 갖는 것, 여성성을 잃어버리는 것으로 여성에게 낮은 자아존중감을 갖게 한다. 노인여성이 과연 여성성이 없는 존재이고 여성성을 상실한 존재인가에 대해서는 이론의 여지가 있다. 그때의 여성성은 남성성과 대칭되어 구성된 개념으로서 여성성을 재정의할 필요가 있다. 그러나 우리는 노인여성의 몸을 통해 타자의 시선이나 응시에서 자유로워져서 좀 더 당당하고 지혜롭고 직관을 가진 걸림 없는 할머니 여신을 상상하지 못한다. 젊은 여성에게 한정된 미의 기준을 변화시키려면 노인여성이 거울 속의 자신을 보고 자신을 변형시키지 않아도 아름답다는 것을 다른 눈으로 바라보는 태도가 필요하다.

3. 나이듦의 부정과 죽음의 비가시화

노인은 자율성을 상실해가는 몸, 기능이 약화되는 젊은이보다 열등한 몸, 질병이나 쇠퇴로 부끄러워해야 하는 몸, 정상에서 비켜난 몸으로 간주된다. 나이들어 아프거나 젊은 사람에 비해 체력이 약화되는 것은 자연스러운 일이다. 적절한 치료를 하지 않았기 때문에 평균수명이 짧았던 시절이 있지만, 의학의 발달과 더불어 노인은 건강보험을 통해 의료적 혜택을 받을 수 있게 되었다. 그러나 노인이 되어 과도하게 약물에 의존해서 살아가거나 병원에서 생을 마감하는 것이 과연 삶의 질을 향상시켜 주었는지에 대해서는 재고할 부분들이 있다.

가족 안에서, 누워 있거나 치매 걸린 노인을 보살피는 사람은 주로 여성이다. 여성들은 노인을 시설이나 병원으로 보내는 것을 보살핌의 부담에서 자유로워질 수 있는 대안으로 생각한다. 보살핌을 받는 노인과 함께 사는 가족들은 행복하지 않을 수 있다. 누워 있는 노인이 풍기는 대소변의 냄새는 집 안에 배여 있고 곁에서 노인을 보살피는 사람이 심신이 피폐해가는 모습은 노인 보살핌에 관한 어두운 인상을 심어준다. 또한 여성들은 노인 보살핌을 위해 임금노동을 중단하거나 시간제로 일함으로써, 노인의 의료비 때문에 경제적 어려움에 부딪힐 수 있다. 더욱이 나이듦과 죽음이 폄하된 상황에서 그들을 보살피는 일은 폄하된다. 그러한 상황에서 노인 보살핌은 귀찮은 일이 되고 개별가족 내에서 주로 여성들이 감당하게 됨으로써 여성들은 노인 보살핌을 힘들어한다. 따라서 국가, 지역사회 차원에서 노인 보살핌을 위한 인프라를 구축하고 서비스를 저렴하게 제공하는 것은 대안이 될 수 있다.

그러나 노인 보살핌의 제도화가 특정한 공간을 마련해서 노인을 배치하는 것이라면 노인은 여전히 비가시화되고 주변화된다. 이러한 공간은 노인을 위한 전문적인 보살핌과 노인에게 필요한 편의시설을 제공한다. 하지만 '노인'을 타자로서 사회의 다른 구성원과 함께 살아가지 못하게 하는 것은 공간적 분리를 가져온다. 그곳은 노인 보살핌과 죽음이 진행되는 장소로서 삶과 유리된 공간이 되고, 나이듦과 죽음이 폐쇄적 공간에서 일어나고 보이지 않는 만큼 공포로 작동한다. 게다가 나이듦과 죽음과 함께하는 노인 보살핌도 제대로 평가받을 수 없다. 이러한 점에서 노인 보살핌의 제도화가 과연 노인을 위한 것이고 노인과 함께 살아가는 사회의 구성원들을 위한 일인지 의문을 제기해야 한다.

노인은 젊은 사람의 희생을 바탕으로 생존하는 귀찮은 존재가 아니다. 노인은 삶의 과정으로서 죽음을 받아들이고 미래를 준비한다. 그리고 그 과정은 독립과 자율성을 잃어가는 것을 슬퍼해야 할 것이 아니라 타자의 보살핌을 받으며 살아가는 인간의 실존을 깨닫게 한다. 누군가를 보살피는 역할을 하는 것은 타자의 생존을 위해 가치 있는 일이고 내가 보살핌이 필요할 때는 타자의 도움을 받을 수 있다. 노인이 과거에 사회적 기여를 하지 않았으므로 지금 타자의 보살핌을 받을 수도 있다. 그러나 노인의 느린 속도, 다른 삶의 양식은 젊은 남성의 기준에 의해 만들어진 빠른 속도라는 정상성에 의문을 제기하고, 타자의 도움을 필요로 하는 의존 상태를 제시함으로써 인간이 영원히 '독립'적이라는 신념의 허구를 드러낸다. 한 사람이 나이들고 죽어가는 과정을 일상에서 자연스럽게 경험하고 받아들일 때 우리는 나이듦이나 죽음을 허무감이나 공포가 아닌 다른 방식으로 의미화할 수 있다.

자신이 살던 집에서 가족의 곁에서 죽어가기를 원하는 노인의 욕구는 노인 보살핌의 억압성을 쟁점화하는 여성의 이해와 상충되는 것이었다. 그리고 시설이나 병원에서 죽어가면서 가족이 아닌 전문가들에게 보살핌 받는 것이 바람직한 것으로 이해되었다. 그러나 과도한 의료적 장치나 약물에 의존하면서 죽음을 맞이하는 것, 한 사람이 시설이나 병원에서 격리되어 죽어가는 것이 최선이라는 생각은 재고되어야 한다.

4. 나이듦의 수용과 대면

노인문제는 나이든 사람만의 문제가 아니고 연민을 가지고 걱정해야 할 일이 아니다. 즉, 나이든 사람을 타자로 취급하고 차별하는 사회문화적 맥락을 성찰하면서 사회에 팽배한 젊음의 강박관념에 의문을 갖는 것부터 시작해야 한다. 생산적 노화나 노화방지의학의 목표는 나이듦과 죽음을 우리의 삶과 단절시켜 놓는다. 영원히 젊음으로 남아 있어야 건강하고 행복하다는 관념, 죽음과 대면하지 않으려는 태도는 많은 사람이 거쳐야 하는 삶의 과정을 왜곡한다. 노인은 독립적이지 못하고 자율성을 잃어버린 의존적 존재이고 젊은이에게 짐이라는 인식은 사람들로 하여금 나이듦과 죽음에 대면할 수 없게 한다.

자본주의 사회는 독립과 자율성의 신화를 강조하지만 어느 인간도 독립으로 정의될 수는 없다. 보살핌을 받는 자가 의존으로 정의되므로 보살핌을 하는 자도 폄하되는 사회 속에서 사람들은 독립과 자율적인 존재가 되기 위해 나이듦과 죽음을 회피한다. 그러나 이러한 회피는 삶의 왜곡을 가져오고 나이듦과 죽음의 공포를 심화시킨다.

이러한 현상은 나이듦과 죽음을 제도화하거나 의료화하는 과정에서도 나타난다. 나이듦과 죽음을 특별한 공간에서 관리하거나 의료적 처치를 받음으로써 나이듦의 흔적을 몰아내고 죽음을 연장하는 것은, 삶에서 나이듦과 죽음을 여전히 은폐하고 비가시화하는 것이다.

　나이듦과 죽음이 의존으로 평가절하되지 않으려면 의존자로 간주되는 노인의 개념을 변화시켜야 한다. 삶의 과정으로 나이듦을 이해하는 것은 노인과 노인을 보살피는 사람의 의미를 새롭게 인식하는 과정이며, 미래의 노인인 자신 안의 타자인 나이듦과 죽음을 수용하는 것이다.

참고문헌

구병삼 외(2003), 『노화방지의학: 기초적 개관 및 임상진료』, 서울: 칼빈서적.

메린, 지크프리트(2004), 『안티에이징』, 심원진(역), 서울: 들녘(Meryn, Siegfried, *Leben Bis 100*, Vienna: Antiquariat Buchseite, 2002).

보부아르, 시몬느 드(1994), 『노년』, 홍상희 · 박혜영(역), 서울: 책세상 (Beauvoir, Simone de, *La Vieillesse*, Paris: Gallimard, 1970).

오타 유키코(2000), 『생로병사의 비밀』, 이균배(역), 서울: 문예출판사(大田 由己子, 『生 · 老 · 病 · 死のサイエンス: 生命からみえてくるもの』, 成星出版, 2000).

Holstein, Martha B.(2002), "A Feminist Perspective on Anti-aging Medicine", *Generations*, Winter 2002, pp.2-7.

Woodward, Katheleen(1994), "Simone de Beauvoir: Prospects for the Future Old Women", Shenk, Dena and W. Andrew Achenbaum, *Changing Perception of Aging and the Aged*, New York: Springer Publishing Company.

신문 및 잡지 자료

"쌀, 콩, 옥수수, 참깨에서부터 영지버섯, 동충하초, 녹용, 사향까지", ≪매일신문≫, 2007년 4월 14일 자.

"英, 해외원정 줄기세포 미용치료 성행 논란", ≪연합뉴스≫, 2006년 8월 8일 자.

"장만옥 등, 수천만 원대 노화방지주사 맞아", ≪내일신문≫, 2007년 4월 13일 자.

"중년 男 '태반주사' 열풍", ≪헤럴드경제≫, 2006년 1월 24일 자.

"태반주사, 술 많이 먹는 남성에게도 좋다.", ≪SBS-TV 뉴스≫, 2011년 1
　　월 6일 자.

"휴온스, 태반주사제 재출시. '안정성 검증'", 『이데일리』, 2007년 4월 20
　　일 자.

강진수, "기미, 주름…… 얼굴 나이 숨길 수 없다.", ≪헤럴드생생뉴스≫,
　　2007년 1월 20일 자.

권용욱, "노화방지・활력 증진 효과 '태반주사'", ≪주간한국≫, 2006년
　　10월 20일 자.

김지영, "의사들이 만든 화장품 인기", ≪매일경제≫, 2006년 7월 14일 자.

김진수, "점심시간에 후다닥 '지방 제거 작전'", ≪주간동아≫, 2007년 5
　　월 2일 자.

양홍주, "웰빙주사 시대…… '치료'에서 '행복'까지", ≪한국일보≫, 2007
　　년 4월 19일 자.

이기형, "보톡스・태반주사 등 주의할 점은", ≪머니투데이≫, 2007년 4
　　월 25일 자.

장윤형, "식약청, 자하거추출물 태반주사제 '유효성' 인정", ≪메디컬투데
　　이≫, 2011년 7월 29일 자.

조세경, "살짝 만졌더니 깜짝 변신", ≪중앙일보≫, 2007년 3월 13일 자.

II

. . .

노인여성의 역할 분석과
역할 모델1)

― 텔레비전 드라마를 중심으로 ―

노인여성들이 활기 있는 노년의 삶을 펼칠 수 있도록
텔레비전 드라마에서 새롭고 다양한 역할모델이
창조되어야 한다.

---

1) 이 글은 『젠더연구』 14호(2010)에 게재된 논문 「텔레비전 드라마에 나타난 노인여성의 역할분석과 힘 기르기」를 수정, 보완한 것이다.

1. 연령에 관한 인식

여성학 연구는 젊은 여성, 2, 30대 여성에 관해 주로 관심을 가져왔다. 여성학 연구자가 젊은 여성의 위치에서 동년배의 외모관리, 성폭력, 연애, 결혼, 취업 등의 문제를 해결하고자 노력했기 때문이다. 여성학 연구의 범위가 중년기로 확장되어 왔지만 노년기 연구는 상대적으로 활발하지 않았다. 하지만 고령화의 급속한 진행과 더불어 노인여성에 관한 관심이 증대되고 있고 연구의 필요성도 한층 중시되고 있다.

여성들은 통계적으로 남성에 비해 평균수명이 높고 오래 사는 것으로 나타난다.[2] 여성들은 노년기에 만성질환에 시달리고 가난하고 불쌍한 독거노인으로 불린다. 남성들은 생계부양자로 살아왔기 때문에 의료자원에 접근하는 데에 상대적으로 유리하고 아내에게 노인 보살핌을 받을

---

2) 통계청의 『2011 통계로 보는 여성의 삶』(2011)에 따르면, 2009년 기준 여성의 기대수명은 83.8년으로 남성(77.0년)보다 6.8년 더 오래 사는 것으로 나타났다. 60세 이상 노인여성 인구는 435만 2천 명으로 남성인구325만 5천 명보다 9만 7천 명 많은 것으로 나타났다.

수 있는 반면, 노인여성들은 자원 접근에서 남성들보다 불리한 상황에 놓여 있다.

그러나 노년학 연구들은 남성들이 노년기에 은퇴로 수입이 감소되고 역할상실에 적응하지 못하는 데에 반해, 여성들은 가족을 돌보고 있고 자녀들과 친밀한 관계를 유지하기 때문에 심리적 안정감을 가진다고 해석한다. 또한 황혼이혼의 증가와 가시화 현상으로 노인여성을 막강한 권력을 지닌 집단으로 묘사하고 노인남성을 불쌍하게 버려지는 존재로 해석하는 경향이 있다. 하지만 노인여성이 가족 및 사회적 차원에서 권력을 가진 존재인가에 대해서는 심층적인 분석이 요구된다.

여성들은 가족 내에서 남편과 자녀를 보조하면서 비가시화된 존재로서 살아왔다. 여성들은 노년기도 성역할에 묶여 살아갈 가능성이 크다. 이러한 흐름 속에서 노인여성의 역할모델이 어떠한 방식으로 제시되고 있는가를 살펴보는 것은 여성들이 노년기를 어떻게 보낼 것인가와 함께 연구할 필요성이 있다.

2. 분석대상 드라마와 노인여성

이 글은 2009년 4월부터 2010년 6월까지 방영된 공중파 텔레비전 드라마 11편(노인남성과 관련한 드라마 1편 분석 포함)에 재현된 노인여성의 삶을 고찰한다. 텔레비전 드라마는 현실을 반영하면서도 사람들의 삶에 영향을 미치고 있다. 드라마는 사회 변화에 느리게 반응하고 전통을 고집하는 측면도 있지만 흐름에 민감하게 반응하면서 변화를 주도하기도 한다. 이 글은 드라마에 나타난 노인여성의 역할을 비판적으로 분석함으로써 노인여성들의 삶에 귀감이 될 수 있는 역할모델을 구상하고자 한다.

〈표 Ⅱ-1〉 분석대상 드라마

번호	방송사	제목	방영 기간
1	KBS-1TV	다 함께 차차차	2009. 6. 29.~2010. 1. 29.
2	SBS-TV	천만 번 사랑해	2009. 8. 29.~2010. 3. 7.
3	KBS-2TV	공부의 신	2010. 1. 4.~2010. 2. 23.
4	MBC-TV	인연 만들기	2009. 10. 10.~2010. 1. 24.
5	KBS-2TV	다 줄 거야	2009. 10. 12.~2010. 4. 3.
6	SBS-TV	찬란한 유산	2009. 4. 25.~2009. 7. 26.
7	KBS-1TV	바람 불어 좋은 날	2010. 2. 1.~2010. 10. 1.
8	KBS-2TV	수상한 삼 형제	2009. 10. 17.~2010. 6. 13.
9	MBC-TV	보석 비빔밥	2009. 9. 5.~ 2010. 2. 21.
10	SBS-TV	미남이시네요	2009. 10. 7.~2009. 11. 26.
11	SBS-TV	그대 웃어요	2009. 9. 26.~2010. 3. 7.

〈표 Ⅱ-2〉 드라마의 등장인물을 통해 살펴본 노인여성의 역할

제목	등장인물	직업	가구형태	경제적 수준	성격	분류
다 함께 차차차	할머니 (김영옥 분)	없음	며느리, 손자 아들, 며느리, 여동생	중 (며느리, 손자에게 의존)	• 자녀들을 보조하는 역할 • 수동적, 포용적 • 침묵, 자신의 의견이 없음	착한 할머니
천만 번 사랑해	은님의 할머니 (이주실 분)	포장마차 운영	독거	하	• 가난한 여성 독거노인 • 손녀에 대한 사랑(모성의 원형)	
공부의 신	백현의 할머니 (김영옥 분)	공장에서 일함	조손가족	하	• 손자를 위한 희생과 헌신(모성의 원형)	

제목	등장인물	직업	가구형태	경제적 수준	성격	분류
인연 만들기	할머니 (반효정 분)	전통떡 집 운영	4대(아들, 며느리, 손자녀, 증손녀)	중	• 가업인 떡집 운영 • 손자의 결혼과 대 잇기에 관심 • 가족 내에서 의사결정권을 가짐(아버지를 대신한 어머니)	배타적인 모성, 자녀에게 힘이 되는 어머니, 할머니
다 줄 거야	남주의 할머니 (윤소정 분)	없음	3대(아들, 며느리, 미혼 손자녀)	상	• 가업인 병원과 음식점의 경영에 개입 • 고부갈등, 며느리 시집살이 • 집안의 어른	
천만 번 사랑해	동호의 할머니 (사미자 분)	없음	4대(아들, 며느리, 손자, 손자며느리, 증손자)	상	• 단순하고 기분의 변화가 심함 • 먹는 것과 노는 것에만 관심 • 손자에 대한 애정이 극진함, 손자의 결혼에 개입 • 가족 내에서 의사결정권을 가짐 • 젊은 시절 사업에 관여했지만 사업보다는 가족의 일에 지나친 관심	
찬란한 유산	할머니 (반효정 분)	대기업 회장	며느리, 손자녀	상	• 공정심, 통찰력과 직관을 가짐 • 경제적 능력을 갖춘 여성 • 가족 내에서 의사결정권을 가짐	사업에 성공한 노인여성, 모가장
바람 불어 좋은 날	대한의 할머니, 끝순 (나문희 분)	없음	3대(자녀들을 분가시켰으나 자녀들과 함께 살고 싶어 서울로 옴)	중	• 기분 변화가 심함 • 이기적, 자신의 욕구에 충실함 • 며느리에게 시집살이를 시킴	나쁜 시어머니
수상한 삼 형제	전과자 (이효춘 분)	없음	3대	중	• 며느리에게 시집살이를 시킴	
보석 비빔밥	외할머니 백조 (정혜선 분)	없음	독거	중하	• 외모관리(패션, 몸매), 취미생활, 이성 교제에 관심	개성 강한 할머니

제목	등장인물	직업	가구형태	경제적 수준	성격	분류
					• 우정 중시	
보석 비빔밥	친할머니 결명자 (김영옥 분)	없음	독거	중하	• 근검절약, 완고, 융통성 없음 • 우정 중시	
보석 비빔밥	사장 (서우림 분)	의상실 운영	독거 (비혼)	상	• 이기적, 괴팍함 • 돈이 많지만 외로운 독신녀	불행한 독신여성
미남이 시네요	농촌할머니들 (전원주 분)	없음	–	–	• 무지, 시대의 흐름에 뒤떨어짐 • 자신의 방식을 고수하고 당당하고 거침이 없음 • 젊음을 조롱함	나이듦에 대한 자긍심

<표 Ⅱ-3> 드라마에 재현된 노인남성의 예

제목	등장인물	직업	가구형태	경제적 생활 수준	성격	분류
그대 웃어요	김만복(최불암 분)	카센터 사장	3대(아들, 며느리, 미혼의 손자)	중	• 성실, 원칙에 충실 • 자녀에게 헌신함 • 가족 내에서 의사결정권을 가짐	가족과 사회에서 존경받는 존재
그대 웃어요	김만복의 친구 (윤주상 분)	설렁탕집 사장(전직 은행장)	독거	중	• 완고함 • 부자	
다 함께 차차차	사돈어른 (최주봉 분)	전직 교장 선생님	아들, 며느리, 여동생	중	• 전통 중시(한복) • 원칙 중시 • 가족 내에서 의사결정권을 가짐	

3. 노인여성의 성역할 연구에 관한 검토

노년기는 은퇴의 시기와 연동되어 있다. 남성과 여성은 다른 맥락에서 은퇴를 경험한다. 남성의 은퇴는 사회적 역할의 상실로 해석되는 반면, 여성의 은퇴는 가족 내의 역할 수행으로 해석된다. 여성이 노동시장에서 임금노동을 하고 있는가의 여부와 상관없이, 노년기에도 가족 내에서 아내, 어머니 역할은 지속되고 있다(Bernard and Davies, 2000; Grambs, 1989). 이러한 기대 속에서 여성들은 은퇴 이후에도 가사노동을 비롯해서 남편, 손자녀를 보살피는 일에 전념하게 된다. 어떤 여성들은 은퇴를 하고 그동안 충실하지 못했던 가사노동에 몰두하겠다고 결심하고, 어떤 여성들은 남편이 은퇴한 이후에 가사노동을 해야 하기 때문에 스트레스를 받는다. 이러한 여성들의 삶에 대해 노년학자들은 은퇴 이후의 삶에 적응하지 못하고 역할상실에 시달리는 남성들에 비해 여성들은 행복하고 안정된 노년기를 보낸다고 해석해왔다. 하지만 남성들은 생계부양자의 역할이 은퇴를 통해 완수되고 휴식을 취할 수 있는 데에 비해, 여성들은 노년기에도 성역할에 묶여 사회적 관계 맺기나 사회 참여에 제약을 받는다는 점을 인식하지 못했다.

한편 여성들은 나이듦을 공포로 경험하게 된다. 그 이유는 여성들이 나이듦을 건강의 악화, 독립성의 상실, 고독감, 정체성, 존엄성, 외모의 상실 등으로 부정적으로 해석하기 때문이다(Bernard and Davies, 2000).[3]

---

[3] 첫째, 건강의 악화는 정신적·심리적 장애, 마음을 통제하지 못하는 것이다. 둘째, 의존은 독립을 잃어버리는 것, 보살핌 때문에 타자에게 의존하는 것, 가족과 사회의 짐이 되는 것이다. 셋째, 고독감은 자녀나 형제자매가 없는 외로움을 의미한다. 넷째, 정체성, 존엄성, 외모의 상실은 주름살이 늘어나고 추해지는

여성들은 다른 사람의 시선, 특히 남성의 시선을 받음으로써 여성으로서 존재감을 확인하는 방식으로 사회화된다. 이러한 이유에서 여성들은 나이듦에 따라 외모가 변형되는 것에 남성보다 심각한 트라우마와 공포를 갖는 것이다(Woodward, 1999: 174-178). 미의 기준은 절대적인 것이 아니라 사회적으로 구성된다. 우리 사회의 미의 기준은 젊은 여성의 몸에 기반하고 있다. 가부장제 사회에서 나이든 여성은 거부된 존재, 비체로서 다뤄져 왔고, 이들의 몸은 공포와 혐오의 대상, 위험하고 신비에 싸인 마녀로 인식되어왔다(Woodward, 1999: 186; 크리스테바, 2001; 보부아르, 1994: 171). 따라서 여성들은 나이들면서 일어나는 외모의 변화를 긍정적으로 해석할 수 없는 사회문화에서 살아가고 있다.

노인여성들은 사회적 지위와 부를 갖고 자신의 의사를 당당하게 표현하는 남성들과 달리, 사회적으로 존경받지 못할 뿐 아니라 가난하고 의존적이고 무력한 존재로 재현된다. 이들은 저학력, 무지의 상징으로 인식되고 지적인 활동, 특히 고등교육이나 전문교육 등에서 배제되어왔다(Marshall, 2000). 더욱이 노인여성들은 강도, 소매치기, 날치기를 비롯한 폭력, 살인 등 범죄에 노출되어 있는 잠재적 피해자로서 간주되어왔다(Grambs, 1989).

그리스 신화에서 할머니 여신은 노인여성의 다른 모습을 제시하고 있다. 볼린은 헤카테 여신에게 관심을 기울인다(볼린, 2003: 96, 106). 헤카테 여신은 대지의 여신 데메테르의 딸 페르세포네가 지하세계의 왕 하데스에게 납치되었을 때 딸을 찾아 헤매는 데메테르를 지하세계로 안내

것. 성적 매력을 잃고 무성적 존재로서 다뤄지는 것. 젊은이들의 시선에 늙고 보잘것없게 보이는 것을 의미한다.

하는 할머니다. 이 할머니 여신은 죽음과 삶을 연결시키는 경계선상에 있는 존재이고 '노인여성의 직관과 지혜'를 은유한다. 이러한 이유에서 볼린은 노인여성들이 헤카테의 원형을 계발함으로써 힘을 얻을 수 있다고 주장한다. 또한 여성들은 할머니의 호칭이나 할머니로서 자신을 인정하고 편안하게 받아들임으로써 연령차별의 벽을 스스로 깨뜨려야 한다 (Copper, 1988: 10). 카퍼는 노인여성이 생명력과 지식의 표상임에도 불구하고, 젊은 여성에게 '주기만 하고 받지 못하는 자', 어머니로서만 해석된다고 비판한다(Copper, 1988).

이와 같이 노인여성은 인간의 욕구를 지닌 존재가 아니라 모성의 원형에 가둠으로써 노년기의 삶의 기회를 제한받고 있다(Rosenthal, 1990). 하지만 여성들은 완경 이후에 타자, 관계지향적인 삶에서 내면으로 관심을 돌리면서 자신의 삶의 전환기로 삼을 수 있다(노스럽, 2002). 노인여성들은 역할모델이 없는 시대에 다양하고 새로운 역할모델을 창조하고 여성들이 서로를 통해 배울 필요가 있다(Thone, 1992; Woodward, 152, 158). 또한 브라우니는 노인여성이 성역할에 고정되지 않고 어머니와 할머니라는 틀을 넘어서서 과거와 현재의 삶을 언어화하고 해석해낼 필요성을 제기한다(Browne, 1998).

그러나 노년기 여성이 의존자, 보호의 대상, 피해자의 위치를 넘어서서 다른 세대의 여성들에게 역할모델이 될 수 있는가에 대해 질문하지 않을 수 없다. 이들은 젊은 세대보다 성불평등한 사회에서 가부장제에 순응, 저항하면서 생존해왔다. 한국 여성학 연구에서 여성의 생애주기를 고려하면서 노년기에 다양한 역할모델을 제시하는 것은 중요한 의의가 있다. 노인여성의 삶은 침묵으로 일관해왔고 이들의 현실은 신비화된 만큼 왜곡의 가능성도 크다. 노인여성의 역할을 분석하고 새로운 모델을 탐색하는 작업은 노인여성이 침묵을 깨뜨리고 자신의 이야기를 할 수 있는 통로를 마련하는 한편, 자신의 삶을 표현하고 해석하는 언어를 만들어내는 데에 기여할 것이다.

4. 노인여성과 성 고정관념의 변화

노인여성이 등장하는 10편의 드라마를 분석한 결과, 이들은 주인공이 아닌 주변인물로 등장하고 있었다. 대부분의 드라마는 젊은이를 중심으로 하기 때문이다. 여성들은 대가족, 전통가족, 3세대 이상 대가족의 구성원으로서 자녀에게 보살핌을 받는 존재로서 재현되고 있다.

한편 한국사회에서 3세대와 함께 사는 노인보다 노인의 독거, 노부부 가구가 증가하고 양육과 가사노동에 종사하는 여성들이 증가하고 있다.[4] 그러나 드라마는 이러한 현실을 반영하지 못하고 있다. 〈수상한 삼 형제〉, 〈바람 불어 좋은 날〉, 〈다 함께 차차차〉에서 노인여성은 며느리가 차려주는 밥상을 받고 가사노동을 전혀 하지 않는 것으로 묘사된다. 더욱이 이들은 맛있는 음식을 해달라면서 며느리를 괴롭히고 시집살이를 시키는 인격적으로 미성숙하고 못된 시어머니로 재현된다. 노인여성이 며느리와 함께 살면서 며느리를 위해 식사를 준비하고 빨래를 해주

---

4) 2011년 통계청의 사회조사 가족부문의 결과에 따르면, 부모가 자녀와 동거하는 비율은 2010년 35.3%로 2002년 42.7%에 비해 7.4%p 감소한 반면, 부모만 따로 살고 있는 비중은 2010년 62.8%로 과거에 비해 증가하고 있는 추세다.

는 모습은 전혀 등장하지 않는다. 이러한 모습은 변화하는 현실을 담아내지 못한다.

한편 독거노인여성의 삶은 불쌍한 모습으로 재현된다. 〈보석 비빔밥〉에서 친구 사이인 두 노인여성(결명자, 백조)이 독거를 하는 이유는 아들의 경제적 능력이 부족하기 때문이다. 이들의 독거는 자녀들에게 제대로 보살핌을 받지 못하는 상황으로 해석된다. 〈천만 번 사랑해〉에서 은님의 할머니는 포장마차로 근근이 생계를 이어간다. 그녀는 딸과 사별하고 보살펴줄 사람이 없어 독거를 하고 있다. 독거노인여성은 자녀에게 의존하지 않고 독립적으로 살아가는 존재로서 긍정적으로 해석되지 않는다. 이들은 자녀가 없거나 자녀에게 버림받거나 보살핌을 받지 못하는 노인, 가난하고 불쌍한 존재로 재현된다. 〈보석 비빔밥〉의 사장처럼, 성공한 독신 여성사업가는 가사도우미를 고용할 만한 경제력을 확보하고 있지만 특수한 사례로 다뤄진다.

노인여성은 할머니로 통칭되고 가족과 분리되지 못한다.[5] 이들이 임금노동을 통해 사회적으로 독립적인 존재로 살아간다 해도, 아내와 어머니의 역할을 우선시하기 때문에 임금노동이나 사회적 성취는 부차적인 것으로 인식된다. 그러나 현실에서는, 〈다 함께 차차차〉에서 할머니처럼 남편과 사별하고 자녀에게 전적으로 의존하는 경우보다, 생계부양자로서 가족을 책임지는 경우가 많다. 노인여성들은 〈공부의 신〉에서 할머니처럼 어린 손자녀를 양육하기 위해 임금노동을 하거나 〈천만 번 사

---

5) 여성 독거노인의 자아존중감 수준에 관한 연구에서 남성의 경우보다 자아존중감 수준이 낮았으며, 독거노인이 동거노인보다 우울해한다는 연구가 있다(서경현·김영숙, 2003). 노인남성과 달리, 여성들은 가족, 자녀에게 경제적으로 의존하지 않을 경우 본인이 경제력을 확보하거나 다른 지원을 받을 가능성이 적기 때문이다.

랑해〉에서 은님의 할머니처럼 자녀에게 폐가 되지 않기 위해 자신의 생계를 위해 노동을 하고 있다. 이러한 노인여성을 의존적이고 무력한 존재로 단언할 수만은 없다. 이들은 어려운 경제적 현실에서도 자신의 삶에 대해 책임을 지고 열정적으로 노년기의 삶을 구성하고 있다.

그러나 노인여성의 독거를 자녀에게 보살핌을 받지 못하는 불행한 삶으로 해석할 이유는 없다. 〈보석 비빔밥〉에서 노인여성들은 노래교실, 사교댄스 등의 취미생활을 즐기고 맛있는 음식을 먹으러 다닌다. 또한 이들은 친구들과 여행을 다니고 이성 교제를 하는 자유로운 모습을 보여준다. 이들은 자녀와 좋은 관계를 유지하고 싶어 하지만 자녀에게 과도하게 집착하지 않는다. 또한 여성 간의 우정은 노년기를 활기차게 만드는 중요한 정서적 자원이 된다. 이러한 독거노인여성은 가족관계를 넘어서서 취미생활을 통해 자아를 찾고 친구관계를 중시하면서 노년기를 즐겁게 보낸다. 이들은 결코 불쌍하거나 이기적인 존재가 아니기 때문에 다른 방식으로 해석될 필요가 있다.

1) 착하지만 무력한 존재

할머니는 할아버지만큼 자기주장이 강하지 않고 자녀들의 의견을 지지하고 포용적인 태도를 보여주지만, 이러한 기대는 노인여성들이 가족 내에서 제 목소리를 내지 못하는 결과를 낳는다(조옥라, 2001). 〈다 함께 차차차〉의 할머니와 〈천만 번 사랑해〉의 은님의 할머니는 그러한 예가 된다. 〈다 함께 차차차〉에서 할머니(김영옥 분)는 두 명의 며느리와 손자들과 함께 살고 있다. 그녀는 착한 할머니로서 사고로 두 아들을 잃었음에도 불구하고 집안에서 어떠한 역할도 하지 못한다. 작은며느리는 카센터를 운영하면서 생계를 부양하고 큰며느리는 살림을 도맡아한다. 그러나 할머니는 전통가족의 시어머니로서 며느리들에게 보살핌을 받고 있다. 그녀는 자녀들에게 의존하고 보호받는 존재다. 이러한 태도는 자녀들의 의견을 존중해주고 포용적인 모습을 보여주기 때문에 자녀들과 정서적인 친밀감을 형성한다. 그러나 형식적으로 집안의 어른이지만 실질적으로 의사결정권을 갖지는 못한다. 또한 〈천만 번 사랑해〉에서 은님의 할머니(이주실 분)는 사별한 어머니의 부재를 메워주는 모성의 원형으로 제시된다. 이러한 모습은 손녀를 포용하는 착한 할머니이지만, 자기희생을 감수하는 어머니의 틀에 한정된다. 할머니는 손자녀를 정서적으로 지지해주는 사람이지만, 정작 누군가의 도움이 필요하다는 점을 간과한다.

반면 드라마에서 노인남성들은 경제적 자원을 확보하고 집안의 어른으로서 권위를 유지하고 의사결정권을 행사하고 있다. 이들은 때때로 완고하고 원칙을 고수하면서 자녀의 의견을 경청하기보다 자녀를 가르치고 자기주장을 피력한다. 〈다 함께 차차차〉에서 전직 교장인 한의 아버지(최주봉 분)와 〈그대 웃어요〉에서 카센터 사장인 김만복(최불암 분)이 그러한 예다. 이들은 자녀들에게 존경을 받고 있다. 드라마에 재현된 노인남성들은 노인여성과 다른 위치에 있다. 그러나 노인여성들은 자녀의 의견을 존중하지만 무권력하고 보호가 필요한 존재로 재현된다.

〈다 함께 차차차〉의 할머니는 남편, 아들과 일찍 사별하고 경제적 자원을 갖지 못한 상태에서 며느리에게 의존적인 태도를 보여준다. 이러한 노인여성의 상황은 생계를 책임지던 며느리의 재혼을 앞두고 무력한 면모를 드러낸다. 하지만 할머니가 비난받지 않는 것은 자기주장이 강하지 않고 자녀들의 의견에 따르는 한편, 자기희생과 인내에 익숙하고 인격적으로 성숙한 모습을 보여주기 때문이다. 이들은 도움이 필요한 상황에서도 도와달라고 요청하지 못한다.

그러나 생계를 유지하기 위해 포장마차를 하는 은님의 할머니(〈천만 번 사랑해〉)나 고등학생인 손자를 양육하기 위해 공장에서 일하는 할머니(〈공부의 신〉)를 약한 존재로 해석할 필요는 없다. 이들의 경제적 수준은 저소득층에 속하지만, 할머니는 힘든 상황에서도 열심히 살면서 손자녀를 보살피는 힘을 보여준다. 이들은 무력하거나 나약한 존재가 아니라 내면의 힘을 지닌 존재라는 것을 드러낸다.

2) 모성에서 자유롭지만 이기적인 존재

드라마에서 여성들이 원하는 노년기는 자녀를 결혼시키고 손자녀가 성장하는 모습을 보는 것이다. 〈천만 번 사랑해〉에서 동호의 할머니나 〈다 줄 거야〉에서 남주의 할머니는 경제적인 안정과 함께 손자녀의 결혼과 출산을 바라보면서 만족감을 느낀다. 한편 독거하는 노인여성들은 가족의 정을 느끼지 못하므로 자녀에게 보살핌을 받지 못하는 불쌍한 사람으로 인식된다. 〈보석 비빔밥〉에서 사장은 성공한 사업가이지만 고독한 독거노인여성의 전형으로 여성으로서 실패한 인생으로 해석된다. 노인의 독거는 가난, 고독, 삶의 실패로 불행한 삶으로, 독거하는 노인여성은 자녀와 함께 살지 않기 때문에 연민의 대상이 된다.

그러나 드라마는 노인여성들이 가족 안에서 행복한 것만도 아니고, 가족과 분리될 때 불행한 것만도 아니라는 것을 보여준다. 〈보석 비빔밥〉에서 외할머니 백조(정혜선 분)와 친할머니 결명자(김영옥 분)는 독거를 하지만, 이들의 삶은 우울하거나 불행하지 않다. 이들은 모성에서 자유로워져서 자신이 원하는 삶을 살고 있으므로 행복해 보인다. 이들은 자녀들과의 관계에서 불리한 상황에 있지만 자신감 있고 활기찬 모습을 보여준다.

친할머니 결명자는 근검절약하고 가족을 위해 살아왔지만 놀이를 즐기지 못한다. 노인여성은 전통적인 어머니상을 표현하지만 완고하고 궁상맞은 면모를 보여준다. 이에 반해 외할머니 백조는 자녀에게 관심을 갖기보다 외모관리와 패션, 수영과 춤 등의 취미생활, 음식과 침 등의 건강에 관심을 갖는다. 그녀는 가족을 위해 희생과 인내를 숙명으로 알고 살아왔던 결명자와 다른 삶의 양식을 선택한다. 하지만 자신의 욕구에 충실한 할머니는 성인 자녀와 애착관계를 형성하면서 자녀 이외의 삶이 없고 자녀에게 의존적인 할머니보다 사회적으로 환영받지 못한다. 여성학자들은 노인여성이 할머니로서 욕구를 희생하기보다 모성의 틀에서 벗어나서 성장과 도전의 기회를 갖는 것이 노년기의 삶을 풍요롭게 한다고 역설해왔다(Rosenthal, 1990; 보부아르, 1994). 하지만 노인여성은 자녀보다 자기 욕구에 충실할 때 이기적이라고 비난받는다. 〈보석 비빔밥〉에서처럼, 여성들이 노년기의 삶을 즐기면서 자아 발견과 성장을 도모하는 것을 '이기적인 것'으로 비난하는 시선에 대해서는 재고할 필요가 있다. 오히려 노인여성들이 성 역할에서 벗어나서 좀 더 활기찬 노년기를 보낼 수 있도록 사회가 지지해야 한다.

3) 사회적으로 성공한 모가장

노인남성은 사회적 지위, 부와 권력을 갖고 있지만, 노인여성들은 아내, 어머니로서 규정된다. 하지만 부와 권력을 갖고 사회적으로 존경받는 노인여성도 드라마에 등장하고 있다. 이러한 유형은 다음의 세 가지로 분류된다.

첫째, 일에서 성공했지만 괴팍하고 고독한 독신여성이다. 〈보석 비빔밥〉에서 사장(서우림 분)은 성공한 사업가로서 부러움의 대상이지만, 관계 맺기에서 인격적으로 미숙한 양상을 보여준다.

둘째, 가족이 주요 관심사이면서 자녀가 위기에 처할 때 자원과 권력을 동원할 수 있는 여성이다. 〈천만 번 사랑해〉에서 동호의 할머니와 〈다 줄 거야〉에서 남주의 할머니는 3, 4대가 함께 사는 대가족 안에서 행복한 노인여성이다. 하지만 이들은 자녀의 사업이 위기에 처할 때에 도와줄 만한 인간관계와 경제력, 가족 내에서 일차적인 의사결정권을 갖고 있다. 이들은 가족의 경제적 이해에 관심을 갖지만, 가족 이외의 관계에는 배타적이고 무관심한 가족이기주의를 보여준다.

셋째, 가족과 사회 모두에서 존경받는 경우다. 이러한 노인여성은 아버지를 대신해서 가족의 생계를 부양해온 모가장으로서 경제적 능력을 확보하고 있다.6) 〈인연 만들기〉에서 할머니(반효정 분)는 가업으로서

---

6) 소설에서 노인여성은 아버지의 부재를 대신해서 가문을 지켜나가는 모가장의 모습을 보여주는데, 박경리의 『토지』의 윤씨 부인, 최명희의 『혼불』의 청암 부인, 김정한의 『수라도』의 가야 부인 등은 그 예로

전통 떡집을 경영하는 한편, 집안의 어른으로서 손자녀의 결혼을 비롯한 대소사에 개입한다. 할머니는 결혼하기 싫어하는 손자에게 결혼을 재촉하고 부계혈통을 계승하는 가부장제 질서의 수호자다.

〈찬란한 유산〉에서 할머니(반효정 분)는 모가장으로서 〈인연 만들기〉의 할머니를 넘어서서 좋은 역할모델을 제시한다. 그녀는 남편과 사별하고 교통사고로 아들을 잃었지만 설렁탕집과 김치공장 등을 하면서 고생 끝에 자수성가한 사업가다. 할머니는 며느리, 손자녀의 나태한 생활방식에 실망하면서 (손)자녀들에게 회사를 물려주지 않기로 한다. 할머니는 경제적 자원을 소유하고 있지만, 자녀 교육을 위해 엄격한 태도를 견지한다. 할머니의 삶의 철학은 아버지와 할아버지의 대리인을 넘어서서, 불의를 시정하고 새로운 사회질서를 세우는 공정한 심판자로서 존경심을 불러일으킨다. 이러한 통찰력을 가진 할머니는 러딕(Ruddick, 2002)의 모성적 사고방식을 소유한 존재다. 러딕(2002)은 어머니가 자녀를 사회에 적응하는 인간으로 길러 내야 하는 역할을 담당하면서도, 기존 사회의 질서에 저항적이고 비판적인 인간을 양성함으로써 사회 변화에 기여할 수 있다고 주장한다. 이러한 노인여성의 모습은 자기 자녀만을 위해 희생하는 배타적인 모성을 넘어선다. 즉, 노인여성들은 모성을 기반으로 성숙한 태도를 반영함으로써 가족과 사회에 귀감이 되고 기존의 가치를 변화시킨다.

제시될 수 있다(이정숙, 2009).

5. 할머니의 목소리 찾기와 힘 기르기

1) 젊음에 뒤지지 않는 노인여성의 자아존중감

할머니로 등장하는 여배우들은 중년과 노년의 경계에 있는 초기 노년기의 여성이다. 이들은 화장, 염색, 성형수술 등으로 흰머리나 주름살 등 노인의 흔적을 발견할 수 없는 젊은 노인이다. 그러나 드라마에서는 나이듦을 감추거나 부끄러워하지 않는 당당한 노인여성들도 발견된다. 〈미남이시네요〉는 노인들이 주요 등장인물이 아니라 20대 초반의 아이돌 가수, 즉 젊은이를 중심으로 이야기가 전개된다. 주인공 태경(장근석 분)이 아버지의 고향을 방문하는 장면에서, 농촌의 할머니들은 다수 등장했다. 이 드라마에서 할머니들은 지역의 방언을 쓰고 시대의 흐름에 부응하지 못하며 무지몽매하다. 이러한 모습은 노인여성에 관한 고정관념을 그대로 반영한다. 젊음 중심의 드라마에서 노인여성의 등장은 젊은 주인공과 대비되어 조화롭지 못하다. 그러나 이 여성들은 도시의 젊은 팬들의 열광적인 호응에 익숙한 아이돌 가수인 주인공들에게 냉랭한 반응을 보이면서 주인공들을 당황시킨다. 노인여성들은 높은 자아존중감을 갖고 젊음 중심의 문화에 일침을 가한다.

2) 획일성에서 다양성으로

〈보석 비빔밥〉에서는 개성 넘치는 다양한 할머니들이 등장함으로써 할머니들의 이야기가 재미없다는 편견을 깨뜨린다. 이 드라마에서 노인여성은 친구이자 사돈인 외할머니와 친할머니, 독신 사업가, 환자로서 등장하고 있다. 이들은 연약하고 보호가 필요한 존재가 아니다. 이들은 연륜만큼 많은 경험을 갖고 있으면서 자기주장을 피력하기도 한다. 때때로 이들은 경험에 기반을 두어 젊은이에게 조언과 충고를 아끼지 않는다. 이들은 희생, 인내, 헌신으로 미화되고 신비화된 할머니가 아니라 살아 있는 할머니다.

노인여성은 가족, 특히 자녀가 주된 관심사이지만, 인간관계에 매몰되지 않고 자아발견의 기회를 마련하며 사회관계에 관심을 갖는 쪽으로 변화된다. 또한 드라마에서 노인여성은 수동적이고 보조적 존재로서 비가시화되거나 주변화된 인물이 아니다. 이들은 집안의 어른으로서 가족 내에서 의사결정권을 가진 존재, 사회적 지위와 부를 확보한 인물로서 변화를 보여준다. 가족과 사회에서 존경받고 권위를 가진 모습은 이제 노인남성의 전유물이 아니라 노인여성에게도 반영된다.

이들의 삶은 모성에서 출발하고 있지만 할머니의 등장은 가부장제의 희생자, 보호가 필요한 약자로 간주되어왔던 노인여성의 고정관념을 변화시키고 있다. 이러한 역할모델은 가난, 보호, 의존으로 은유되어왔고 노년기에 혼란에 빠져왔던 여성들에게 새로운 전망을 제공한다. 더욱이 드라마에서 세대를 넘어선 여성 간의 우정, 노인여성 간의 우정이 재현되는 것은 노인여성의 역할모델을 창출하는 데에 도움이 된다.

6. 노인여성의 역할모델 창조

세 자매를 등장시켜 할머니들의 다양한 목소리를 들려준 〈올드미스 다이어리(2004)〉가 성공한 이후로 노인여성의 역할모델이 등장하고 다원화되기 시작했다. 이러한 결과는 나문희, 김영옥, 반효정, 정혜선, 전원주 등 노년기에 들어선 여배우들이 왕성하게 활동하면서 노인여성을 가시화한 데에 기인한다. 이들은 나이듦에 관한 고정관념을 깨뜨리는 한편, 노인여성을 개성 있게 연기하면서 경험과 지혜, 통찰력을 지닌 역할 모델을 제시한다.

드라마에 재현된 노인여성은 어머니 역할에 충실한 모습을 보여준다. 이 모습은 가족을 위해 희생했고 가난하고 약한 존재로서 연민을 자아내기에 충분하다. 하지만 약한 할머니는 보호의 대상이지만 매력적이지 않다. 노인여성은 아내와 어머니의 역할에서 자유롭지 못하지만 보살핌이 필요한 상황에서도 타자를 배려하고 포용하는 존재다. 또한 이들은 젊은 세대에게 의존적이고 보호받아야 할 존재가 아니다. 이들은 힘든 상황에서도 자신의 삶을 살아온 만큼 내면의 힘을 갖고 있다. 드라마에서 노인여성의 모습은 변화되고 있지만 여전히 모성의 틀 안에서 작동하고 있다. 하지만 다양한 역할모델을 창조하는 것은 여성에게 노년기를 하나의 기회로 인식하게 하고 다른 세대의 여성들에게 노년기의 비전을 제시한다.

드라마에서는 어머니와 할머니의 틀에서 자유로워져서 좀 더 개성 있는 역할모델을 제시해야 한다. 여성들이 노년기에 전문직에 종사하거나 전문교육이나 자원활동, 취미활동을 하고 있는 모습들이 제시되어야 한다. 다큐멘터리 〈로큰롤 인생(2007)〉은 노인합창단의 이야기를 다루고 있다. 미국의 90세 할머니는 죽을 때까지 노래하겠다고 말한다. 한국사회에서도 연예오락프로그램인 〈남자의 자격(2011)〉에서 청춘합창단을 결성하면서 할아버지뿐 아니라 할머니들의 이야기도 다루고 있다. 손자녀의 할머니, (시)어머니뿐 아니라 연극, 무용, 노래 등에서 공연하는 할머니, 사업가 할머니, 자원활동을 하는 할머니, 여행이나 등산에 도전하는 할머니가 드라마에도 반영되기를 기대한다. 이러한 시도는 노인여성의 고정관념을 변화시키는 한편, 여성들의 노년기를 더 이상 희망이 없는 시기가 아니라 새로운 도전의 기회로 인식하게 한다.

드라마에서 노인여성은 단편적이고 획일적으로 재현되고 자녀 문제로 고민하고 있거나 자녀와의 관계에서만 삶이 규정된다. 노년기에 자녀와의 관계에서 상호적인 보살핌과 배려는 필요하다. 그러나 자녀에게 헌신하는 삶을 살아왔다 해도, 여성들은 노년기에 자녀에게 과도하게 의존적이고 부담이 되고 싶어 하지 않는다. 노인여성들이 활기 있는 노년의 삶을 펼칠 수 있도록 텔레비전 드라마에서 새롭고 다양한 역할모델이 창조되어야 한다.

참고문헌

노스럽, 크리스티안(2002), 『폐경기의 여성의 몸과 지혜』, 이상춘(역), 서
　　울: 한문화(Northrup, Christian, *The Wisdom of Menopause*, New York:
　　Bantam Doubleday Dell Pub, 2001).

러딕, 사라(2002), 『모성적 사유: 전쟁과 평화의 정치학』, 이혜정(역), 서울:
　　철학과 현실사(Ruddick, Sara, *Maternal Thinking*, New York: Ballantine,
　　1989).

보부아르, 시몬느 드(1994), 『노년』, 홍상희·박혜영(역), 서울: 책세상(Beauvoir,
　　Simone de, *La Vieillesse*, Paris: Gallimard, 1970).

볼린, 진 시노다(2003), 『(우리 속에 있는) 지혜의 여신들: 심리여성학』, 이
　　경미(역), 서울: 또하나의문화(Bolen, Jean Shinoda, *Goddesses in Older
　　Women: Archetypes in Women over Fifty*, New York: Harpercollins
　　Publisher, 2001).

서경현·김영숙(2003), 「독거노인의 자아존중감과 우울」, 『한국심리학회:
　　사회문제』, 제9권 1호, 115-137쪽.

이정숙(2009), 「현대소설에 나타난 노인들 삶의 변화 양상: 긍정적으로 늙
　　어가기의 관점에서」, 『현대소설연구』, 제41호, 247-279쪽.

조옥라(2001), 「한국사회에서 나이듦, 그리고 여성의 나이」, 또하나의문화
　　동인 편, 『여성의 몸 여성의 나이』, 서울: 또하나의문화.

크리스테바, 줄리아(2001), 『공포의 권력』, 서민원(역), 서울: 동문선(Kristeva,
　　Julia, *Pouvoirs de l'horreur*, Paris: Seuil, 1980).

Bernard, Miriam and Val Harding Davies(2000), "Our Ageing Selves: Reflections
　　on Growing Older", Bernard, Miriam et al., *Women Ageing: Challenging
　　Identities, Challenging Myths*, NY: Routledge.

Browne, Colette(1998), *Women, Feminism, and Aging*, New York: Springer.

Copper, Baba(1988), *Over the Hill: Reflection on Ageism Between Women*, Freedom, Calif.: Crossing Press.

Grambs, Jean Dresden(1989), *Women Over Forty*, Spring Series: Focus on Women: vol.4, New York: Springer Publishing Company.

Marshall, Patsy(2000), "Older Women Undergraduates: Choices and Challenges", Bernard, Miriam et al., *Women Ageing: Challenging Identities, Challenging Myths*, NY: Routledge.

Rosenthal, Evelyn R.(1990), "Women and Varieties of Ageism", in Rosenthal, Evelyn R., *Women and Aging and Ageism*, New York, London: The Haworth Press.

Thone, Ruth Raymond(1992), *Women and Aging: Celebrating Ourselves*, New York: Harrington Park Press.

Woodward, Katheleen(1999), *Figuring Age: Women, Bodies, Generation*, Bloomington, Ind.: Indiana University Press.

영상자료

김수진(극본), 김석윤(연출), <올드미스 다이어리>, KBS-2TV, 월~금 21시 25분 방영, 2004. 11. 12.~2005. 11. 4.

워커, 스테픈(감독)(2007), <로큰롤 인생>, 영국, 108분(Walker, Stephen, "Young@Heart, 2007").

한경천(연출), <해피 선데이: 남자의 자격>, KBS-2TV, 일 17시 10분 방영, 2009. 3. 29.~2011. 12. 현재.

소현경(극본), 진혁(연출), <찬란한 유산>, SBS-TV, 토, 일 22시 방영, 2009. 4. 25.~2009. 7. 26.

김성근 · 김영균(연출), 유윤경(극본), <다 함께 차차차>, KBS-1TV, 월~금 20시 25분 방영, 2009. 6. 29.~2010. 1. 29.

김정민(연출), 김사경(극본), <천만 번 사랑해>, SBS-TV, 토, 일 20시 50분 방영, 2009. 8. 29.~2010. 3. 7.

임성한(극본), 백호민(연출), <보석 비빔밥>, MBC-TV, 토, 일 21시 45분 방영, 2009. 9. 5.~2010. 2. 21.

문희정(극본), 이태곤(연출), <그대 웃어요>, SBS-TV, 토, 일 22시 방영, 2009. 9. 26.~2010. 3. 7.

홍정은·홍미란(극본), 홍성창(연출), <미남이시네요>, SBS-TV, 수, 목 22시 방영, 2009. 10. 7.~2009. 11. 26.

장근수·이성준(연출), 오현창·손옥현(기획), <인연 만들기>, MBC-TV, 토, 일 19시 55분 방영, 2009. 10. 10.~2010. 1. 24.

김원용(연출), 강성진(극본), <다 줄 거야>, KBS-2TV, 월~토 09시 20분 방영, 2009. 10. 12.~2010. 4. 3.

문영남(극본), 진형욱(연출), 문보현·전창근(기획), <수상한 삼 형제>, KBS-2TV, 토, 일 19시 55분 방영, 2009. 10. 17.~2010. 6. 13.

유현기(연출), 윤경아(극본), <공부의 신>, KBS-2TV, 월, 화 21시 55분 방영, 2010. 1. 4.~2010. 2. 23.

이덕건(연출), 이덕재(극본), <바람 불어 좋은 날>, KBS-1TV, 월~금 20시 25분 방영, 2010. 2. 1.~2010. 10. 1.

Ⅲ

· · ·

한국의 노인 성담론과
여성의 위치[1]

노인여성의 성은 더 이상 희생이나 인내가 아니라,
노년기에 삶의 의욕과 생명력을 제공하는 통로로
해석될 수 있다.

1) 이 글은 『한국여성학』 26권 2호(2010)에 게재된 논문 「한국의 노인 성담론에 관한 여성주의적 고찰」
을 수정, 보완한 것이다.

1. 고령화 사회와 노인의 성

한국사회에서 고령화 현상이 진행됨에 따라 노년기의 노동, 여가, 교육, 건강뿐 아니라 성에 대해서도 사회적으로 관심이 확장되고 있다. 또한 영화, 텔레비전 드라마, 신문, 잡지 등의 미디어는 노인의 성에 관한 다양한 담론을 생산하고 있다.

그러나 한국사회에서 노인의 성이 어떠한 방식으로 다뤄지고 있는지는 여성주의 관점에서 심층적인 논의가 이뤄지지 못했다. 이 시점에서 한국의 노인 성담론이 여성의 욕망, 특히 노년기 여성의 경험을 반영하고 있는지 질문할 필요가 있다. 노년기는 청년기, 중년기에 비해 소외되고 사회구조에 취약한 시기다.[2] 지배성 규범은 노인의 성을 주변화시키

---

[2] 카츠(Katz, 1996: 27)는 노인의 몸이 제도적으로 취약한 위치에 있다고 기술한다. 즉, 노인의 몸은 쇠퇴, 질병, 죽음과 관련되어 있는 의료적 처치가 필요한 몸으로서 보험, 은퇴, 연금, 소비산업의 대상이 된다.

지만, 노인의 성은 중심의 위치에서 발견하지 못했던 통찰력을 제공할 수 있다.

그러나 노인의 성이 남성중심 문화의 틀에서 해석된다면 여러 문제점을 내포하게 될 것이다. 여성주의자들은 한국의 성문화가 남성의 성적 욕망을 용인하는 한편, 여성의 고통과 피해에 둔감했다고 비판해왔다. 성의 목적은 타자를 수단화함으로써 쾌락을 극대화하기 위한 것이 아니라, 관계적 맥락에서 상호 교감하고 소통하기 위한 것이다. 이러한 측면에서 여성의 위치에서 현재 유통, 생산되는 노인 성담론에 대해 비판적으로 접근해야 한다. 따라서 이 글에서는 연령과 성별의 층위에서 성담론을 살펴보는 한편, 남녀의 평등한 관계하에서 노인의 성을 탐색하고자 한다.

이 글은 신문, 잡지, 영화, 텔레비전 방송을 중심으로 한국사회의 노인 성담론을 분석한다. 이러한 자료를 수집, 분석하는 것은 한국사회에서 노인의 성이 어떠한 방식으로 생산, 유포되고 있는가를 설명하는 데에 유용한 방법이다. 성의 담론은 화자, 장소와 관점, 그 내용을 수집, 유포시키는 제도와 장치를 고려하는 것으로, 권력이 일상적 쾌락에 침투하여 개인의 삶에 어떻게 영향을 미치고 삶을 통제하는가에 관심을 갖는다(푸코, 1990). 이러한 담론들은 사회의 고정관념이나 지배성 규범 등을 반영함으로써 재생산의 기제가 될 수 있지만, 행위자들의 순응과 저항의 틈새 속에서, 또는 작가, 감독, 기자의 비판적인 관점에서 대안적 공간을 창출할 가능성이 있다.

신문과 잡지는 인터넷 사이트를 통해 2002년 11월 1일부터 2010년 3월 30일까지 노인의 성에 관해 101건을 수집했다. 또한 이러한 자료에서는 해설과 칼럼까지 포함시켰다. 2002년 12월은 노인의 성을 다룬 영화 〈죽어도 좋아〉가 극장에서 상영한 시기로, 이를 전후로 한국사회에서 노인의 성이 사회적으로 쟁점화되었고 성담론이 양적으로 증대되었다. 한편 영화와 텔레비전 프로그램은 같은 시기에 극장에서 상영되거나 공중파 텔레비전에서 방송된 내용을 분석 대상으로 삼았다. 텔레비전 방송의 경우 시사프로그램 1편과 드라마 4편을 분석했다. 영화는 다큐멘터리를 포함해서 총 6편을 분석했다. 이 중에는 한국 영화뿐 아니라 국내에서 개봉된 외국 영화도 포함시켰다.

2. 노인 성 연구의 동향

1) 여성주의 성 연구의 경향과 노인여성

생물학적 관점에서 성은 삽입성교가 목적이고 성호르몬과 생식능력의 차이에 따라 남녀의 성본능을 다르게 규정하고 있다(조영미, 1994; 브리스토우, 2000). 이러한 관점에서 성은 자연적이고 선천적이며 변화가 불가능하다. 남성이 적극적이고 여성이 소극적이라는 가정은 사회적으로 남성의 성욕을 용인하고 여성의 희생을 간과한다. 여성주의자들은 성을 고정적이고 불변한 것으로 전제하는 생물학적 관점을 비판하고 사회구성론적 관점을 옹호해왔다. 사회구성론적 관점에서 성은 사회관계와 맥락, 상황에 따라 구성되는 것으로 남녀의 권력관계가 변화한다고 해석된다.

성별분업은 남녀의 역할을 구분하고 남성을 생계부양자, 여성을 가사노동과 양육 전담자로 규정한다. 이러한 구도하에서 여성은 남성에게 경제적으로 의존해야 하므로 성관계에서도 평등하지 못하다. 결혼 계약은 남녀에게 다른 성 규범을 요구함으로써 여성에게 불리하게 적용된다. 즉, 여성은 아내로서 성적 의무에 부응하면서 폐쇄적인 구조에 놓여 있지만, 남성은 결혼과 상관없이 외도, 성매매에 열려 있다(페이트만, 2001; 장필화, 1999). 또한 가부장제 사회의 성규범은 여성을 보호해야 할 여성(아내, 딸, 처녀)/보호하지 않아도 될 여성(난잡한 여성, 성매매 여성)으로 이등급화함으로써 여성을 처벌하고 분리시킨다(권수현, 1999; 변혜정, 1999).

가부장제 사회에서 남성의 가치는 공적인 성취에 달려 있고, 여성의 가치는 성적 매력과 재생산 능력에 좌우된다(Calasanti and Slevin, 2001: 24). 이러한 사회에서 여성의 외모는 남성 권력에 접근하는 중요한 자원이고 여성은 타자의 시선을 받음으로써 자신의 정체성을 구성한다(한설아, 1999; 김은실, 2001; 민가영, 2003).[3] 가부장제 사회에서 미의 기준은 젊은 여성의 몸을 중심으로 구성되기 때문에 나이든 여성에게 불리하게 적용된다. 노인여성은 마녀로 지칭되거나 무성적 존재로서 해석되고(Thone, 1992: 57; Frueh, 1997; 보부아르, 1994: 170-171), 여성들은 나이듦을 트라우마로 인식하고 내부적으로 세대 갈등과 분리를 경험한다(Kaplan, 1999; 조옥라, 2001).

---

3) 프로이트(Freud)는, 남성이 적극적으로 타자를 대상화함으로써 성적 쾌락을 추구하는 한편, 여성이 타자의 응시를 받는 자신을 사랑함으로써 나르시시즘의 경향을 갖는다고 설명한다(조현순, 2005). 조현순(2005)은, 이러한 설명을 비판한다. 즉, 나르시시즘의 경우에도 타자를 필요로 하고, 대상애의 경우에도 자신의 감정에 도취되지 않는다고 할 수 없다는 것이다.

또한 여성들은 폐경, 홍조, 주름살 등의 변화 속에서 나이듦을 수용하지 못하고 성형수술을 통해 젊은 여성이 되고 싶어 한다(Copper, 1988; Chrisler and Ghiz, 1993: 70-71; Granville, 2000). 마틴(Martin, 2001)은 의학교재에서 폐경을 부정적으로 해석하는 것에 대해 비판한다. 의학은 여성의 나이듦을 질병으로 해석함으로써 여성의 경험을 왜곡시켰다. 의학에서 폐경은 자연스러운 현상이 아니라 여성성의 결핍, 비정상적인 것, 치료가 필요한 질병으로 다뤄졌다(Mantecon, 1993; 마틴, 2001). 마틴(2001)은 의학교재에서 폐경을 부정적으로 해석하는 것에 대해 비판한다. 마틴에 따르면, 폐경은 난포들이 배란으로 가기 위한 힘을 소집하는 데에 실패하고 유방과 생식기관이 쇠퇴해서 노쇠해지는 것, 생산을 하지 못하고 기능이 퇴화되는 것, 장애, 질병으로 설명된다.

한편 여성주의 관점에서 폐경을 새롭게 해석하는 논의들도 있다. 노스럽(Northrup, 2002)은 폐경을 자연스러운 현상으로 재개념화한다. 노스럽(2002)에 따르면, 폐경기에는 홍조, 야간 발한, 심계항진, 편두통, 유방의 팽창과 통증, 월경과다, 불규칙한 월경주기, 자궁근종, 성욕감퇴, 질건조증, 성교통, 잔뇨감, 요실금, 피부노화, 골다공증, 기분변화, 불면증, 건망증 등이 나타날 수 있지만, 이 증상들은 폐경 이후에 자연스럽게 사라지는 현상이다. 또한 노스럽(2002)은, 가족 내에서 타자지향적인 삶을 살아왔던 여성들이 폐경 이후에 내면으로 에너지를 전환해서 창작, 영성 등에 몰두할 수 있다고 강조한다.

한편 보부아르(Beauvoir, 1994)는 불평등한 성별 권력관계에서 아내의 의무감으로 수행했던 여성들의 성에 대해 비판적으로 접근한다. 보부아르(1994: 446)는, 여성들이 노년기에 건강을 이유로 성행위를 거절함으로써 성적 자유를 누린다고 말한다. 가부장제 성 규범하에서 여성들은 정숙하고 무성적인 존재이거나 폭력의 피해자로서 인식되어왔다. 노인 여성들은 젊은 여성이나 중년 여성에 비해 상대적으로 남성과 불평등한 관계를 맺어왔고 고통, 폭력, 피해로서 성을 부정적으로 경험해왔다. 그 렇다고 해서 이들이 성에 대해 수동적으로 반응하고 무관심하다는 가정 은 의심할 만하다. 폐경 이후 여성들은 성 역할인 재생산과 양육을 수행 하지 못하는 무력한 존재로 다뤄지지만(Granville, 2000), 성역할에서 자 유로워짐으로써 젊은 여성보다 적극적으로 성적 실천을 도모하기도 한 다(Banner, 1993: 169-173). 노인여성의 성이 침묵과 은폐 속에서 설명 되지 않았다고 해서 이들의 욕망을 섣불리 판단하기는 어렵다. 또한 여 성들이 노년기에 들어서서 원하지 않는 성관계를 거부하거나 적극적으 로 성을 표현하는 것은 가부장제 성규범을 균열, 해체시키는 지점이 된 다.4) 이러한 측면에서 노인여성의 위치에서 성을 이야기하는 것은 지배 성규범을 변화시키는 데에 도움이 된다.

2) 한국사회에서 노인의 성 연구

여성주의자들은 생물학적 성에 기반을 두어 남녀의 성역할을 규정하 는 것이 남녀의 성행동에 어떠한 영향을 미치는지 관심을 가져왔다. 특 히 여성주의자들은 남녀가 성역할을 위반할 때 제재를 가함으로써 사회 적으로 성행동이 구성됨에도 불구하고, 생물학적인 차이에 따라 남녀의

---

4) 헤픈 여성, 난잡한 여성이 되는 것은 여성에게 강요되는 이성애 가부장제의 성 규범을 해체시키면서 여 성의 종속을 전복시키는 수단이 될 수 있다(LeMoncheck, 1997).

성을 본성으로 정당화하는 기제를 비판해왔다. 그러나 이러한 성의 개념은 생물학적 성의 이분법에서 자유롭지 못했다. 성은 이분법의 틀에서 벗어나서 성적 욕망, 정체성, 실천, 감정, 관계, 규범, 제도 등을 포괄하는 개념으로 해석되어야 한다(웍스, 1994; 조영미, 1994: 24). 또한 성이 행위자의 위치와 맥락과 관련해서 성별, 계층, 연령, 성적 지향, 민족, 인종 등과 교차하면서 어떻게 사회적으로 구성되는지 살펴볼 필요가 있다(조영미, 1994).

한편 이성애 삽입성교만이 자연스럽고 바람직한 성이라는 견해는, 남성의 욕망을 여성에게 강요하고 삽입성교 외에 다른 욕망을 제한해왔다.[5] 성 과학은 정상적인 성을 부부중심의 성, 일부일처제, 이성애 중심의 성, 생식적인 성으로 간주하고 노동할 수 없는 집단의 성이나 비생식적인 성을 비정상화, 병리화하는 데에 일조해왔다(푸코, 1990; Rubin, 1984).[6] 성 과학은 성적 욕망을 감시, 관리하기 위해 표준을 제시하고 주변화된 성을 분류했다. 하지만 이러한 분류는 다양한 욕망을 발견하는 계기가 되었다. 이러한 관점에서 비정상적인 것으로 간주해온 노인의 성은 억압된 욕망을 가시화함으로써 지배성 규범을 위협하는 효과를 거둘 수 있다.

한국사회에서 노인의 성 연구는, 성에 대한 편견을 극복해야 한다는 논의가 대다수를 차지한다. 이 연구들은 노인이 성을 긍정적으로 인식하

---

5) 성은 이성애주의, 관통, 삽입성교, 오르가슴 등을 정상으로 규범화해왔고, 이러한 성문화에서 여성은 남성의 성욕의 부속물이었다(Calasanti and Slevin, 2001: 76).

6) 루빈(Rubin, 1984)은, 사회에는 좋은 성과 나쁜 성의 구분이 존재하고 표준, 규범의 성이 주변화된 성을 만들어냄으로써 차별을 낳는다고 역설한다. 루빈에 따르면, 사회적으로 좋은 성은 규범적·자연적, 건강하고 성스러운 성이고 이성애, 결혼, 일부일처제, 재생산을 위한 성, 집에서 하는 성을 의미하고, 나쁜 성은 비정상적이고 비자연적이고 죄스러운 성으로 혼외관계의 성, 난잡한 성, 세대 간의 성, 성매매, 포르노를 의미한다.

고 적극적이고 다양한 성생활을 하고 있으며, 노인의 성생활이 건강에도 긍정적인 영향을 미친다고 주장한다(김윤정, 2003; 양연심, 2008; 방영숙·남기민, 2009). 또한 몇몇 연구들은 노인의 성에 대한 의식의 변화와 함께, 정책적 차원에서 성교육 프로그램의 개발과 전문인력 양성 등을 요청하고 있다(김문영·이현주, 2001; 김윤정, 2003; 이영균·성경원, 2005; 이형세, 2007; 김은옥, 2007).

그러나 노인의 성 연구는 남성의 성행위, 태도, 의식 등에 대해 편향적 관심을 보인다. 이 연구들은 생물학적 관점에서 남성의 성행동이 여성보다 적극적이라는 사실을 입증한다(이예종·장진경, 2002; 장진경, 2004). 또한 이 글은 사회 문화적 차원에서 남녀에게 다르게 적용되는 이중성규범과 성별 권력관계와 관련해서 노인의 성을 설명하지 못한다. 이 글들은 노인남성의 성을 '살아 있는 증거', '남자의 힘', 남성의 정체성과 관련해서 해석하거나(이현심·김승용, 2009), 노인남성의 성적 욕망을 설명하는 과정에서 성매매나 성범죄를 옹호하기도 한다(김정은, 2004; 이형세, 2007).

선행연구가 남성중심적으로 진행되고 있지만 노인여성의 상황을 고려한 연구들이 전무한 것만은 아니다. 진선희(2008)는 퇴행성 슬관절염을 가진 노인여성의 성생활과 삶의 질에 대한 관계를 분석함으로써 여성건강의 측면에서 성을 다루었다. 또한 김윤정(2003)과 김연순(2005)은 가부장제의 성규범하에서 노인여성이 성에 대해 수동적인 태도를 보이는 이유를 설명하고 있다. 김연순(2005)은 생애사적인 접근을 통해 노인여성의 성과 보수적인 유교규범 및 사회문화와의 관련성을 탐색하는 한편, 성을 이야기하는 것 자체가 여성들에게 고통이 될 수 있다고 지적한다.

하지만 노인여성이 성을 피해자의 관점에서 해석하는 것만은 아니다. 홀로된 노인여성들은 성규범에 유연한 자세를 보이고 적극적으로 성행동을 표현하는 여성들을 보여준다(이경희·윤가현, 2006).

그러나 선행연구들은 노인의 성을 가시화하는 데에 집중함으로써 노인 성담론의 남성 중심성을 간과해왔다. 이 글에서는 선행연구의 한계를 인식하면서 노인 성담론을 비판적으로 고찰하고자 한다. 또한 이 글에서는 여성의 경험에 근거해서 어떠한 담론을 생산할 것인지 그 방향을 탐색하고자 한다.

3. 노인의 성에 관한 여성주의 해석

1) '남성의 성 기능과 건강'을 위한 성

성인 자녀들은 노부모의 이성 교제, 재혼, 성에 관해 관대하지 못하다. 노부모와 자녀의 갈등은 노년기 재혼에 대한 이해 부족, 사회적 편견, 경제적 문제 등과 관련된다(배나래·박충선, 2002). 노인 성담론은 '주책, 노망'이라는 편견에서 벗어날 것을 요청한다. 이러한 담론은 성을 인간이 누려야 할 권리이고, 이러한 권리가 노년기에도 적용되어야 한다고 주장한다.

노인들은 이성 교제를 통해 성욕구를 해소하는 데에 관심을 갖고 있다.

하지만 그런 행위로 인해 자녀들의 체면이 깎기거나 부모로서의 위신이 떨어질까 우려해서 음성적인 방법을 택하게 된다. 이에 대한 자식들의 충분한 이해와 협조가 필요하다(≪시사저널≫, 2008년 9월 10일 자).

"늙는다고 욕구가 없어지는 줄 아느냐. 할배는 그냥 인자하고 무기력한 할배인 줄 알지? 홀로 단칸방에 사는 노인네도 성욕이 돋을 때가 많다. 마땅히 해소할 곳은 없고, 외로운 존재야." 여전히 혼자인 그는 "늘 외롭고, 사랑하고 싶다"고 말한다(≪헤럴드경제≫, 2009년 3월 11일 자).

성담론은 노인남성의 성생활이 건강을 유지하는 데에 유익하다고 강조한다. 그리고 이러한 사실을 의학적으로 입증함으로써 노인의 성을 건전한 성으로 부각시킨다. 이러한 담론은 노인남성이 두세 달 이상 성 접촉을 통해 성관계를 하지 않으면 발기부전으로 성기능이 악화된다는 용불용설을 지지한다(임춘식, 2008: 95-98).

○○○원장은 "연령에 따른 빈도를 정할 수는 없지만 성행위 후에 자신에게 신체적으로 부담이 없다면 얼마든지 사랑을 나누는 것은 가능하다"며 "…… 신체가 허락하는 한 자주, 규칙적으로 성 생활을 하는 것이 신체는 물론 정신적으로도 좋다"고 말했다(≪부산일보≫, 2009년 9월 10일 자).

이달 1일 서울고법 민사 1부는 교통사고로 인한 발기부전 장애자 B씨(47세)가 가해 차량의 자동차보험계약사를 상대로 제기한 손해배상청구소송에서 치료비 및 위자료 등 손해액을 4천800만 원으로 산정, 지급하라면서 B씨의 성관계 지속 가능 연령을 69세까지로 판결했다. …… 원고는 60세까지는 주 2회, 69세까지는 주 1회의 성관계를 갖는 것으로 가정하여, 성관계 시 보형물 삽입과 발기부전 치료제 복용 등의 치료비를 계산했다는 것이다(≪충청일보≫, 2009년 9월 29일 자).

노인 성담론에서는 남성의 성적 능력이 연령과 상관없이 무한하다는 전제하에서 남성의 정력, 삽입성교의 횟수, 발기능력에 관해 관심을 갖고 있다. 또한 이러한 담론들은 노인남성에게 발기부전 치료제, 음경보형물삽입술 등의 비뇨기과 시술까지 권고한다.

> 실제로 발기부전을 치료받기 위해 비뇨기과를 방문하는 할아버지들을 쉽게 만날 수 있으며 대부분 발기부전 치료제로써 먹는 약이나 발기유발제 자가주사요법으로 간단히 치료를 받게 된다. 설령 발기조직이 완전히 맛이 갔다 할지라도 음경보형물삽입술이라는 최후의 보루와도 같은 수술로 얼마든지 성생활을 즐길 수 있다(≪스포츠서울≫, 2009년 4월 9일 자).

> "비아그라를 먹었을 때와 달리 부작용이 없어 설 명절 접대용 선물로도 준비하고 있다"며 "건설경기 불황으로 스트레스가 많아 자연히 성관계와 담을 쌓았는데 태반주사를 맞은 뒤 나도 깜짝 놀랄 정도로 확 달라졌다"고 말했다. 병도 잡고 부부관계도 원활해진 경우도 있다(≪헤럴드경제≫, 2006년 1월 24일 자).

남성중심적 성문화에서 남성이 여성을 성적으로 만족시키지 못하는 것은 남성성의 축소와 상실로 해석된다. 남성이 성기의 크기나 발기능력, 삽입성교의 횟수에 집착하는 것은 남성으로서의 정체성과 관련된다(퀴네, 2001: 289-322). 이러한 문화에서 남성들은 성적 능력의 감퇴를 심각하게 고민하고 운동에 몰두하거나 비아그라, 태반주사를 맞고 보양식을 찾는 데에 열중한다. 이 담론들은 생물학적 관점에서 성을 본능이나 욕구의 해소로 해석하면서 남성의 성욕에 대해 관용적인 사회문화를 지지한다. 그러나 이러한 설명은 남녀의 불균등한 권력관계나 여성의 상황을 설명하지 못하고 관계에서 얻어지는 감정의 가치를 간과한다. 이러한 담론은 여성의 경험을 전혀 반영하지 못한다. 따라서 이러한 담론은 남성의 욕망을 노년기로 확장해놓은 것에 불과하고 남성중심 성문화를 강화하는 결과를 낳고 있다.

2) 욕망의 대상으로서 여성, 주변화된 노인여성

노인의 성은 젊음의 성에 비해 주변화되어 있다. 그러나 노인의 성에서도 남성의 욕망에 대해서는 관대하기 때문에 성별화된 현상을 보여준다. 이러한 사회는 아름다운 노인여성에게 관심을 갖지 않지만, 흰머리나 주름살과 상관없이 잘생긴 노인남성에 대해서는 감탄하기도 한다(보부아르, 1994: 404). 보부아르(1994)는 노인남성이 외모가 아니라 지성과 힘으로 평가된다고 주장한다. 또한 대중문화에서 노인여성은 약한 존재나 '죽음'으로 은유되지만, 노인남성은 젊은 여성과 언제든지 사랑할 수 있는 존재로 재현된다(Grambs, 1989: 21). 이러한 현상은 연령을 넘어선 사랑에서도 성별화된 측면을 보여준다. 노인남성이 젊은 여성을 사랑하는 것은 어느 정도 자연스럽게 수용되지만, 노인여성이 젊은 남성을 사랑하는 것은 비정상적인 현상으로 해석된다(보부아르, 1994).

한국사회에서 노인들은 남성 연상, 여성 연하의 공식하에서 결혼했고, 남성들은 본인의 연령과 상관없이 젊은 아내를 두는 것을 능력으로 간주해왔다. 노인 성담론은 남성의 욕망을 반영하고 있다. 즉, 남성이 권력과 자본을 소유한다면, 고령과 상관없이 젊은 여성의 성에 접근할 수 있다.

대구 시내 65세 이상의 노인들 중 상당수는 실제로 이성 친구 한둘쯤은 알고 지낸다는 것으로 확인됐다. "솔직히 말해 젊고 예쁜 여자를 몰래 갖고 싶지, 왜 아니겠어." 시내 나들이 길에 나섰다는 김기정(가명, 72, 수성구 범어동) 씨의 말에 함께 온 동행들도 고개를 끄덕였다(≪매일신문≫, 2007년 10월 18일 자).

　노인의 사랑에서 남성의 경제력은 여성의 외모, 정서적 보살핌과 성별화된 교환관계를 형성한다. 드라마 〈보석 비빔밥(2009~2010)〉[7]에서 여성은 반찬을 챙겨주고, 남성은 최신형 핸드폰을 선물한다. 또한 드라마 〈엄마가 뿔났다(2008)〉와 시트콤 〈지붕 뚫고 하이킥(2009~2010)〉에서 노인남성들은 경제적 능력이 있고 연하인 미모의 여성들과 연애를 한다.

　하지만 대다수의 노인남성들이 경제적 능력을 확보하는 것은 아니다. 이들은 은퇴로 수입이 감소되고 여성의 몸에 접근할 수 있는 기회는 줄어든다. 이러한 이유로 담론들은 노인남성을 여성에게 상처입기 쉬운 피해자로, 성적 파트너인 여성들을 노인남성에게 피해를 끼치는 존재로 기술한다. 또한 이러한 담론은 노인남성들이 체력의 한계로 여성을 성적으로 만족시킬 수 없다는 부담감과 좌절감을 반영한다. 이러한 이유로 노인남성에 대한 시선은 연민으로 일관되어 있다.

"이성 친구를 사귀려면 돈이 많이 들어. 식사하고 차나 소주 한 잔 마시자면 주머니에 2, 3만 원 정도는 있어야 돼. 그런데 그게 말이 쉽지. 늙은이들에겐 큰돈이거든(≪매일신문≫, 2007년 10월 18일 자)."
김형모(66·가명) 씨에게 부족한 건 아무것도 없어 보였다. 고위직 공무원으로 은퇴한 그에게 늙을수록 초라해진다는 말은 어울리지 않았다. 6

---

7) 친할머니 결명자(김영옥 분)는 아들을 위해 헌신적으로 살아온 어머니다. 그녀는 이웃의 노래방을 경영하는 할아버지와 친밀해지고 사랑하는 관계로 발전한다.

년 전 아내를 떠나보낸 그에게 두 번 다시 없을 것 같았던 애틋한 사랑까지 찾아왔다. 연인 박 모 씨와 6개월의 교제 끝에 '이 여자라면……'이라는 느낌이 들었다. 하지만 바로 그 순간 남모를 고민이 찾아왔다. 약해진 남성(?)이 문제였다. 결혼식 날짜까지 두세 달 미뤄가며 방법을 수소문한 그는 결국 관련 수술을 받았고 한 달여 뒤 성대한 결혼식을 올렸다(≪헤럴드경제≫, 2009년 3월 11일 자).

한편 한국사회에서 성은 가부장제 성규범을 반영하고 있다. 결혼 여부와 상관없이 남성들은 성적으로 개방적인 태도를 보여준다. 남성들은 부부관계의 성뿐 아니라 외도, 성매매 등에 대해서도 자유로운 경향을 보여주고 노년기에도 불공평한 성규범은 적용된다.

노인들 주변에서는 흔히 볼 수 있는 평범한 일상에 불과했다. '애인 하나쯤 두는 것도 괜찮다'는 인식이 노인들 사이에 퍼진지도 이미 오래다. 집 근처에 있는 경로당이나 각 지방자치단체가 운영하는 문화센터, 노인대학 등에서 얼마든지 이성교제를 할 수 있다(≪시사저널≫, 2008년 9월 10일 자).

이에 반해, 노인여성의 욕망은 남성만큼 상대적으로 사회적으로 승인되지 못한다. 드라마 〈보석 비빔밥(2009~2010)〉과 영화 〈엄마……(2004)〉에는 노인여성이 등장한다. 이들은 남편과의 사별에도 불구하고 재혼하지 않고 자녀양육과 생계부양에 헌신해온 어머니들이다. 하지만 자녀들은 어머니의 이성 교제를 반대한다. 자녀들은 어머니가 수절하면서 "곱게 늙어가기"를 바라는 것이다. 노인여성들은 모성의 틀 안에서 무성적인 존재로 다뤄지고 있다.

요컨대 노인 성담론에서는 여성을 남성만큼 동등한 성적 존재로서 인정하지 않는 경향이 있다. 노인남성의 욕망의 대상은 노인여성이 아니라 연하의 여성이다. 또한 노인여성은 모성적 틀 안에서 무성적 존재로 해석되거나 성적 매력이 없다고 해석된다. 이러한 이유로 노인 성담론에서조차 노인여성들은 주변화되어 있다.

3) 성의 음성화와 폭력의 정당화

여성 요양보호사들이 성폭력을 당하면서 노동을 하고 있다는 실태가 보도되면서 사회적 쟁점이 되고 있다. 요양보호사는 보살핌의 대상으로서 또는 보살피는 노인의 가족으로서 노인남성과 만나면서 성폭력의 피해에 노출된다. 이들은 가해자가 고용주인 경우 생계가 걸려 있고, 보살핌의 대상인 약자를 보호해야 한다는 사회적 시선 때문에 성폭력의 문제를 제기하기 어렵다.

> 거동이 불편한 노인 댁을 직접 방문해 목욕이나 집안일을 도와주는 요양보호사 A씨(49)는 최근 70대 노부부 집을 찾았다가 황당한 일을 겪었다. 부인이 집에 있는 상황에서 남편 B씨는 A씨를 안방으로 데려가더니 서랍 속에서 현금 100만 원을 꺼내며 "함께 모텔에 가자"고 막무가내로 졸라댔다. "당신이 마음에 든다"며 치근덕대는 B씨를 겨우 무마시켰지만, 불쾌한 마음은 가시지 않았다. …… 요양보호사인 C씨(54) 역시 몇 달 전 겪은 일을 생각하면 지금도 소름이 끼친다. 70대 노인의 집에서 집안 청소를 해주고 있는데, 느닷없이 노인이 C씨의 손을 붙잡고 쓰다듬었다. C씨는 "일하는 데 방해된다"며 타일렀지만 노인은 "손 좀 만지면 어떠냐"며 오히려 목청을 높였다(≪한국일보≫, 2009년 10월 28일 자).

요양보호사 이모(48·여) 씨는 자신이 돌보는 노인환자로부터 성관계를 노골적으로 요구받고 성추행까지 당했지만 아무런 대응도 할 수 없었다. 이처럼 요양시설 등에서 자신을 돌봐주는 요양보호사 여성을 상대로 성폭력을 일삼는 노인들이 상당한 것으로 전국요양보호협회 조사결과 드러났다. 또 이른바 '박카스 아줌마'와의 불법 성매매 등 불건전한 성적 접촉으로 인해 성병에 감염되는 노인들 역시 매년 증가하는 것으로 나타났다(≪노컷뉴스≫, 2008년 12월 10일 자).

위의 신문기사는 노인 간병인으로 일하는 여성노동자들의 성희롱 피해를 다루고 있다. 그러나 그 내용을 면밀히 살펴보면, 노인의 성이 음성화되기 때문에 남성이 성범죄의 가해자가 된다는 결론에 도달한다. 또한 이러한 담론에서는 노인남성이 사회적으로 성적 욕망의 적절한 분출구를 찾지 못하기 때문에 성구매를 통해 성병에 걸린다고 그 피해를 기술하고 있다. 이러한 사회 문화에서 노인의 성 교육은 노인남성의 몸을 보호하기 위해 콘돔을 무료로 배포하거나 성병 예방에 초점을 두고 있다.

고령화 사회로 인한 사회문제 중 성과 직접적으로 관련된 문제들도 최근 부각되고 있다. 노인들의 성매매율이 높아지고 그로 인해 노인 성병환자가 증가추세를 보이는가 하면 노인의 성범죄도 늘어나고 있는 것이다(≪아시아투데이≫, 2008년 9월 25일 자).

"나는 성관계를 안 한 지가 꽤 됐는데 너는 하냐? 아이고 주책없구나"라고 말하는 분들이 있는데 이제는 어르신들이 성에 대해 좀 더 개방적인 사고방식을 가져야 한다. …… 강의를 주최한 ○○센터는 성병예방용 콘돔을 무료로 준비하기도 했다. 노인들은 처음엔 눈치를 보며 망설였지만 나중엔 서로 앞다퉈 가져가느라 콘돔을 나눠주는 부스 앞이 시끌벅적해지기도 했다(≪쿠키뉴스≫, 2008년 10월 29일 자).

노인 성담론은 남성의 성 기능 장애를 해결할 수 있는 전문기술이 필요하기 때문에 성구매가 불가피하다는 주장을 옹호한다.[8] 또한 성을 판매하는 여성들은 가난하고 불쌍한 노인남성들의 호주머니를 노리고 성병을 옮기는 나쁜 여성들이라고 매도한다. 이러한 담론에서는 노인남성의 성적 권리를 중시하면서도 이들과 관계하는 여성들을 도덕적으로 낙인찍고 있다. 더욱이 이러한 담론에서 노인남성들은 여성의 성을 구매하고 소유할 수 있는 권력을 가진 집단이 아니라 성적인 피해자, 무권력한 존재로 재현되고 있다.

> 한 여성이 벤치에 혼자 앉아 있는 70대 할아버지 옆자리에 앉더니, 잠시 뒤 함께 인근 여인숙으로 들어갔다. 한 박카스 아줌마는 "수저를 들 힘만 있어도 여자를 찾는 게 남자다. 우리가 아니면 1만 원 받고 노인들의 욕구를 누가 풀어주겠냐"라고 말했다. 그러나 노인들이 박카스 아줌마만으로 성적 욕구를 풀기엔 한계가 있다(≪한국일보≫, 2008년 4월 14일 자).

> 노인들의 성을 음성적으로 다루는 사회 분위기 때문에 '꽃뱀', '방석 아줌마', '박카스 아줌마' 등 음지의 성문화가 잉태되고 있는 현실이니 말이다. 어떤 노인복지 관계자는 "종묘 공원 등지에서 손만 잡으면 1,000원, 만리장성을 쌓으러 가면 3만 원 하는 식으로 거래가 이뤄진다"며 "가뜩이나 용돈이 부족한 노인들이 오죽하면 이런 방법을 택하겠냐"라고 한탄했다(≪주간한국≫, 2005년 9월 26일 자).

---

8) 일본, 네덜란드 등에서는 노인, 장애인을 대상으로 성적 서비스를 도와주는 직업, 자원봉사까지 등장하고 있다(가와이, 2005). 영상자료인 〈핑크 팰리스(2005)〉와 〈섹스 볼런티어(2010)〉는 장애남성의 성매매와 자원봉사의 내용을 다루고 있다. 다큐멘터리 〈핑크 팰리스〉는 한국사회에서 성매매가 법적으로 금지되기 전에 제작되었다. 여기서는 40세가 넘은 장애남성이 돈을 주어도 성매매를 거절당하는 상황에 대해 연민 어린 시선을 보내고 있다. 또한 〈섹스 볼런티어〉는 2010년 5월 현재 온라인으로 무료 상영되고 있다. 이 영화에서는 장애남성의 성행위를 도와주는 여대생의 자원활동을 다루고 있다. 〈핑크 팰리스〉와 〈섹스 볼런티어〉는 장애남성의 성적 권리를 쟁점화하고 있다. 그러나 노인의 성담론과 마찬가지로, 장애남성의 성적 권리에 관심을 가짐으로써 성적 서비스를 제공하는 여성이나 장애여성의 경험을 충분히 설명하지 못했다.

여성주의 저널 ≪일다≫의 박희정 기자는, 노인남성의 성범죄가 노인의 성을 음성화함으로써 일어나는 현상으로 해석함으로써 노인 성담론이 남성 중심적으로 구성되고 있음을 비판하고 있다. 다음의 기사는 남성의 성적 욕망을 용인함으로써 성폭력을 정당화하고 있다.

"노인의 성적 욕구는 단순히 노인만의 문제가 아니다. 그것이 비뚤어져 범죄로 이어졌을 때 사회적으로 더 심각한 문제가 생기게 된다"고 말하며, 노인의 성문제에 사회가 관심을 기울여야 할 이유를 '범죄 가능성'에 무게를 실어 설명하고 있다. …… 성폭력 문제를 상담해온 전문가들은 '억제할 수 없는 남성들의 성충동' 때문에 성폭력이 일어난다고 하는 통념은 크게 잘못된 것이라고 문제제기해왔다. 실제로 성폭력은 가해자의 성에 대한 왜곡된 관념이나, 폭력적 행위를 '해도 된다'고 허용하는 상황 등 성충동 외적인 부분에 기대어 발생한다(≪일다≫, 2009년 1월 5일 자).

노인 성담론은 남성이 성구매, 성폭력을 하게 되는 원인을 노인의 성에 대한 편견과 음성화로 설명하고 있다. 이러한 담론들은 성구매, 성폭력 등의 가해자인 노인남성들에게 연민 어린 시선을 보내면서 이들을 피해자로 해석하고 있다. 이러한 담론은 노인남성과 관계 맺는 여성의 경험을 반영하지 못하는 한편, 남성중심 성문화를 강화하는 결과를 낳는다.

4. 대안으로서 노인의 성: 다양한 쾌락, 관계성, 느림

1) 관계성에 관한 이해

KBS-TV 시사기획 쌈의 〈성은 늙지 않는다(2009)〉는 노인남성들의 비아그라 오남용과 발기부전 치료제의 과용 사례를 소개하고 그 위험성을 경고한다. 또한 이 프로그램은 남편과의 관계에서 성관계를 거부하는 노인여성들의 심리상태를 취재하고 있다. 남성들은 은퇴 이후 성관계를 거부하는 아내에게 서운함을 토로하고, 이것을 경제력의 약화에 따른 부부간의 권력전도로 해석한다.[9] 하지만 이 프로그램은 노인여성들이 남편과의 성관계에서 인격적으로 존중받지 못했기 때문에 기쁨이나 쾌락을 느낄 수 없음을 보여준다.

딜론(Dillon)은 성행위에서 '보살핌에 기반을 둔 존중(care respect)'의 가치를 중시한다. '보살핌에 기반을 둔 존중'이란, 상대방의 입장에서 이해하고 그 사람의 욕구와 복지에 관심을 갖는 한편, 자기중심적인 쾌락에 협조하지 않는 것을 의미한다(LeMoncheck, 1997: 44). 노인여성들이 남편과의 성관계를 거절하는 것은 성적 행위성을 보여주는 지점이 된다. 그럼에도 이들이 성을 피해와 고통으로만 인식한다면 성적 감정, 욕망을 표현하는 데에 한계가 있다. 관계적 맥락에서 노인의 성에서 중요한 조건은 상대방에 대한 존중과 배려다. 일생 동안 지배적이고 권위적

---

9) 영화 〈날아라 펭귄(2009)〉은 남편의 은퇴 이후 다른 성역할기대 때문에 나타나는 부부간의 갈등을 다루고 있다. 남편은 은퇴 이후에 아내에게 극진한 대접을 받으려고 하지만, 아내는 여가 생활을 즐기고 싶어 하고 자신의 의견을 일방적으로 무시하는 남편에게 순종하고 싶어 하지 않는다.

인 남성의 태도는 성관계에서 장애가 된다. 성적 공간에서 '보살핌에 기반을 둔 존중'의 가치가 실천될 때만이 노인여성들은 피해와 고통을 넘어서서 욕망을 논할 수 있다.

노스럽(2002)은, 남성들이 젊은 여성을 좋아하는 이유를 나이듦에 대한 부정과 젊음에 대한 동경 때문이라고 해석한다. 즉, 남성들은 젊은 여성의 몸을 통해 삶의 에너지를 회복하고 싶어 하지만 스스로 새로운 에너지원을 개발할 기회를 차단하게 되는 것이다. 남성들이 성을 통해 살아 있음과 젊음을 확인하고 싶어 할수록 여성을 대상화함으로써 소통을 통해 얻어지는 가치나 감정은 간과된다. 반면에 영국 영화 〈라벤더의 연인들(2008)〉이나 한국 영화 〈경축! 우리 사랑(2009)〉에서 나이든 여성과 젊은 남성의 사랑은 배려와 교감을 보여준다. 이들의 사랑은 서로의 삶을 변화시키고 인격적으로 성장시킨다. 로드(Lorde, 1984)는 여성들에게 에로틱(erotic)이 힘이 될 수 있다고 역설한다. 에로틱은 남성과의 삽입성교만을 의미하는 것이 아니라, 다른 사람과 교감을 통해 기쁨을 느끼고 차이를 이해하는 능력, 생명력 있고 창조적인 자원으로서 여성들을 임파워하는 능력을 의미한다(Lorde, 1984). 이러한 관점에서 노인여성의 성은 더 이상 희생이나 인내가 아니라, 노년기에 삶의 의욕과 생명력을 제공하는 통로로 해석될 수 있다.

2) 다양한 쾌락의 추구

드워킨(Dworkin, 1996)과 매키논(Mackinnon, 2001) 등의 여성주의자

들은, 포르노를 법적으로 금지하자고 주장해왔다. 포르노는 남성의 거대 자본과 유통구조, 소비자가 결탁함으로써 남성의 성욕을 인정하는 반면, 여성에게 수치심을 느끼게 하고 폭력과 인권유린을 간과하게 한다(드워킨, 1996; 매키논, 2001). 반면에 포르노는 여성들에게 성적 판타지를 제공함으로써 성적 욕망의 실천에 도움이 된다고 주장하는 여성주의자들도 있다. 여성의 성을 수동적인 것으로 생물학적인 본성인 것처럼 강요해온 가부장제 사회에서, 여성들은 성을 피해로서 경험해왔고 성적 상상력을 발휘하기 어려운 상황에 놓여 있다(브리스토우, 2000: 204-228; 이나영, 2006). 지배집단의 성규범은 포르노를 나쁜 성으로 주변화하고 있지만(Rubin, 1984), 여성, 인종, 동성애 등에 대한 차별과 폭력이 개입되어 있지 않다면 포르노를 다양한 욕망의 표현으로 해석할 수 있다(이나영, 2006).

노인남성들이 컴퓨터나 인터넷에 익숙하지 않기 때문에 포르노를 즐기지 못한다는 연구가 있지만(이형세, 2007), 실제로 공원 주변 PC방에서 인터넷을 통해 포르노를 즐기고 있다는 신문기사도 발견할 수 있다(≪스포츠칸≫, 2007년 10월 11일 자). 시트콤 〈거침없이 하이킥(2007)〉에서는 컴퓨터의 야한 동영상에 접한 이후 이에 집착하는 노인남성(이순재 분)을 희화화하고 있다. 여기서 포르노를 즐기는 노인의 모습은 건전하지 못한 성으로 해석된다. 노인 성담론에서 포르노는 삽입성교의 대상을 찾지 못하는 노인남성들에게 불가피한 선택이 된다. 이러한 담론들은 포르노를 불완전한 성, 이성애 삽입성교를 유일하고 완전한 성으로 해석함으로써 지배성규범을 강화한다. 영화 〈죽어도 좋아〉에서는 노인도 젊은이만큼 열정적으로 성을 즐길 수 있다는 것을 보여준다. 그러나 이 영화에서 노인의 성은 이성애 삽입성교에 국한됨으로써 젊은 남성의 성을 모방한다.

한편 다음의 신문기사에서는 노인의 성행위에서 남성의 성기능만큼 스킨십이 중요하다는 것을 강조한다. 스킨십은 서로 친밀해지고 이해, 소통하는 기회가 되기 때문에 성의 표현으로 인식된다.

> ○○○박사는 "노년이 되면 남성들은 발기가 잘 안 되거나 여성은 폐경기 이후 분비물도 잘 안 나오는데 무슨 성생활을 하겠느냐고 생각하는 노인들이 많다"며 하지만 노인의 성은 삽입성교 중심만을 말하는 것이 아니라 정다운 대화, 포옹, 스킨십, 키스 등이 모두 성생활이라고 강조한다(≪아시아투데이≫, 2008년 9월 25일 자).

> 남성의 경우 삽입 섹스를 중시하지만 노인의 성에서 이보다 중요한 것은 친밀감으로 표현되는 사랑이라고 강조한다. 전문가들은 삽입보다 상대방의 손을 잡거나 사랑스럽게 안아주며 따뜻한 관심과 애정을 표현하는 것만으로도 더한 만족을 느낄 수 있는 것이 여성이라고 입을 모은다(≪문화일보≫, 2007년 5월 10일 자).

이리가라이(Irigaray, 2000)는 여성의 성을 페니스의 결핍이나 부재로 해석하고 질 오르가슴을 강조하는 남성중심 성문화를 비판하고 있다. 여성의 성기는 두 음순이 포개져 서로를 애무하면서 자가성애를 하고 있고, 여성들은 삽입성교뿐 아니라 자위나 애무로도 만족할 수 있는 음핵 오르가슴 등의 다양한 욕망을 실천한다(이리가라이, 2000). 또한 이리가라이는 남성의 시각적 쾌락에 대비되는 여성의 촉각적 쾌락이 우월하다는 것을 강조한다. 시각적 쾌락은 상대를 적절한 거리에서 관찰하고 삽입성교를 통해서 상대의 몸을 관통하는 과정에서 상대를 대상화하는 반면, 촉각적 쾌락은 피부접촉을 통해 평등한 관계 속에서 교감하기 때문에 시각적 쾌락보다 우월하다(이리가라이, 2000). 이러한 설명은 여성에게 시각적 쾌락과 촉각적 쾌락에 대해 양자택일을 요구하는 것이 아니라, 여성이 다양한 쾌락을 추구할 수 있다는 사실을 보여준다. 또한 이러한 논의는 여성의 몸을 폄하하고 이들의 욕망을 침묵하게 하는 사회에 새로운 시각을 제공한다. 이러한 의미에서, 노인여성의 몸을 중심으로 성을 이야기하는 것은 다양한 쾌락을 추구함으로써 남성중심, 이성애중심 성문화를 변화시킬 수 있다.

3) 나이든 몸과 느림의 수용

담론 속에서 노인의 성은 남성의 성기능과 성기결합에 관심을 두면서 젊음의 성보다 열등하고 부족한 것으로 취급된다. 쓰지 신이치(辻信一, 2005)[10]는 패스트 섹스(fast sex)와 슬로 섹스(slow sex)를 비교한다. 패스트 섹스가 성애의 시간을 최소화하고 상대의 몸을 빨리 관통하는 것이라면, 슬로 섹스는 느리고 완만한 과정으로서 느슨함, 흔들림, 틈새를 회복하여 타인의 몸과 기분 좋게 소통하는 것이다(쓰지, 2005: 277-278). 패스트 섹스는 빠른 속도와 감각에 호소하고 젊은이의 힘과 열정을 보여주지만, 슬로 섹스는 패스트 섹스 이후 느끼는 공허감이나 대상화되었기 때문에 느끼는 부정적인 감정을 보완할 수 있다. 노인들은 힘과 속도를 요구하는 패스트 섹스보다 상대와의 교감과 지속적인 쾌락을 가져오는

---

10) 그는 일본에서 슬로라이프(slow life) 운동을 펼치고 있다. 슬로라이프 운동은 자발적인 참여에 기반을 두고 정전 운동, 슬로카페, 슬로푸드 운동 등을 하고 있다.

슬로 섹스에 능할 수 있다. 하지만 슬로 섹스를 패스트 섹스보다 열등하고 성기능 쇠퇴로 인한 좌절감으로 해석할 필요는 없다. 노인들은 슬로 섹스를 통해 나이듦을 긍정적으로 수용하고 노인의 성에 대한 편견을 깨뜨리게 된다. 쓰지 신이치는 '섹스'라는 용어를 사용하면서 남녀의 삽입 성교에 성을 한정하지만 노인의 몸과 젊은이의 몸의 다른 속도를 고려하면서 대안적인 성을 제시한다.

노인여성은 나이들어가는 자신의 몸을 부정하면서 혼란스러워한다. 노스럽(2002)은 젊었을 때부터 예쁜 외모로 시선을 끌었던 여성들이 심리적으로 힘든 폐경기를 보낸다는 사실을 기술한다. 이 여성들은 더 이상 남성의 욕망의 대상이 되지 않는다는 사실에 좌절한다. 노인여성은 젊은 여성보다 성적 매력이 없다고 평가되고 자존감이 저하된다. 하지만 영화 〈사랑할 때 버려야 할 아까운 것들(2003)〉의 다이앤 키튼(Diane Keaton)과 〈사랑은 너무 복잡해(2009)〉의 메릴 스트립(Meryl Streep)은, 연륜에서 나오는 풍부한 표정, 포용력, 배려 등으로 성적 매력을 과시한다. 또한 드라마 〈보석 비빔밥(2009~2010)〉에서 친할머니 결명자(김영옥 분)는 외모관리에 무관심하지만 유머감각 있고 개성이 넘치는 태도로 노인남성에게 사랑을 받는다. 이러한 노인여성들은 젊은 여성이 흉내 낼 수 없는 아름다움과 매력을 과시한다.

이와 같이 노인여성의 위치에서 성을 이야기하는 것은 남성의 성기능이나 성기 중심의 성에서 탈피하는 것이다. 새로운 담론은 노인여성들이 피해와 희생에서 벗어나서 몸의 느낌과 다양한 쾌락을 추구할 때, 관계적 맥락에서 친밀감과 일체감을 경험할 때, 젊음의 모방을 넘어서서 나이듦을 수용할 수 있다. 이러한 노인의 성은 여성의 경험을 반영하기 때문에 대안으로 고려될 수 있다.

5. 노인 성담론의 방향: 여성의 경험을 고려한 성

한국사회에서 고령화의 진행과 평균수명의 증가는 노인의 성에 대한 관심과 함께 연구의 필요성을 증진시켰다. 이 글은 여성주의 관점에서 노인 성담론에 대해 비판적 접근을 시도했다. 노인 성담론은 노인을 성적 권리를 가진 존재로 인식하고 사회적 승인을 받는 데에 주력해왔다. 그러나 이러한 논의들은 남성의 성적 욕망에 대해 관용적인 한편, 여성의 욕망에는 상대적으로 무관심한 경향을 보여주었다. 담론에서 노인의 성은 생물학적 관점에서 남성의 건강과 성기능과 연관 지어 비뇨기과의 치료의 대상으로 다뤄져 왔다.

노인의 성은 연령의 층위에서 주변화되어 있고, 이러한 상황은 지배 성규범에 대해 비판적이고 성찰적인 지식을 제공할 수 있다. 하지만 현재의 성담론은 남성의 성을 노년기로 연장해놓은 것 외에 아무런 의미를 갖지 못했다. 이러한 담론은 남성중심적인 성, 이성애 중심의 성을 강화한다. 노인 성담론은 관계적 맥락에서 욕망의 대상이 되는 젊은 여성, 중년 여성이 처한 구체적 맥락과 상황을 고려하지 못할 뿐 아니라, 노인여성을 성적 존재로 간주하지 않는다.

생물학적인 관점에서 노인 성담론은 여성의 경험을 고려하지 않기 때문에 많은 문제점을 내포한다. 노인여성들은 성별 권력관계하에서 성적 공간에서 '보살핌에 기초한 존중'을 체험하지 못했고, 성관계의 거절을 성적 자유로 해석하기도 한다. 노인 성담론은 남성의 쾌락에 관심을 가져왔기 때문에 여성의 희생을 전혀 고려하지 못했다. 또한 이러한 담론은 관계적 맥락에서 상대방과의 소통, 교감, 배려 등의 가치를 간과해왔다.

몸의 정치학은 문화적 실천과 관련되고 몸은 규제된다(Reinharz, 1997; 쉴링, 1999). 몸의 이미지는 몸과 기능에 대한 개인의 평가와 느낌, 외모의 내적·주체적 재현과 몸의 경험, 자기개념의 중요한 부분으로서 우리 자신에 대한 사고방식과 미래와 연관되어 있다(Chrisler and Ghiz, 1993: 67). 가부장제 문화에서 여성들은 나이듦에 따라 성적 매력이 감소된다고 해석함으로써 자존감이 저하된다. 하지만 노인여성들이 나이들어가는 몸을 긍정적으로 수용할 때 성담론의 지형은 변화될 수 있다. 노인여성의 위치에서 성담론을 생산하는 것은 삽입성교 외에 다양한 쾌락을 추구하는 한편, 관계적 맥락에서 자신의 욕망을 표현하고 상대방과 교감하는 성적 공간을 창출하는 것이다. 이러한 담론은 여성들의 노년기에 생명력과 힘을 제공하면서 남성중심, 이성애중심의 성문화를 변화시킬 수 있다.

참고문헌

가와이, 가오리(2005), 『섹스 자원봉사: 억눌린 장애인의 성』, 육민혜(역), 서울: 아롬(河合香織, 『セックスボランティア』, 新潮文庫, 2004).

권수현(1999), 「남성의 섹슈얼리티와 성폭력」, 한국성폭력상담소(편), 『섹슈얼리티강의』, 서울: 동녘, 318-357쪽.

김문영·이현주(2001), 「노년기 성의 중요성 인지도에 관한 연구」, 한국간호과학회 정신간호학회(편), 『정신간호학회』, 제10권 4호, 675-685쪽.

김연순(2005), 「생애사를 통해 본 여성노인의 섹슈얼리티」, 『여성건강』, 제6권 2호, 121-146쪽.

김윤정(2003), 「노인의 성에 대한 인식과 성생활에 관한 탐색적 연구」, 『한국가정관리학회지』, 제21권 5호, 133-143쪽.

김은실(2001), 『여성의 몸, 몸의 문화 정치학』, 서울: 또하나의문화.

김은옥(2007), 「노인의 성에 대한 지식 및 태도와 욕구와의 관계에 관한 연구」, 서울시립대학교 대학원 사회복지학과 석사학위청구논문(미간행).

김정은(2004), 「노인의 성의식과 성매매 특성에 관한 연구」, 이화여대 대학원 사회학과 석사학위청구논문(미간행).

노스럽, 크리스티안(2002), 『폐경기의 여성의 몸과 지혜』, 이상춘(역), 서울: 한문화(Northrup, Christian, *The Wisdom of Menopause*, New York: Bantam Doubleday Dell Pub, 2001).

드워킨, 안드레아(1996), 『포르노그래피』, 유혜련(역), 서울: 동문선(Dworkin, Andrea, *Pornography: Men Possessing Women*, New York: Perigee, 1979).

마틴, 에밀리(2001), 「여성의 몸에 관한 의학적 비유: 월경과 폐경」, 콘보이, 케티 외 편, 고경하 외(편역), 서울: 한울(Conboy, Katie, Medina Nadia and Sarah Stanbury, *Writing on the Body*, New York: Columbia University Press, 1997), 25-55쪽.

맥키넌, 캐서린(2001), 「강간: 강요와 동의에 대하여」, 엄용희(역), 『여성의 몸 어떻게 읽을 것인가』, 콘보이, 케티 외(편), 고경하 외 (편역), 서울: 한울(Conboy, Katie, Medina Nadia and Sarah Stanbury, *Writing on the Body*, New York: Columbia University Press, 1997), 56-77쪽.

민가영(2003), 『가출, 지금 거리에 '소녀'는 없다』, 서울: 우리 교육.

방영숙·남기민(2009), 「노인의 성태도와 성욕구 대처행동이 주관적 행복감에 미치는 영향」, 노인복지학회(편), 『노인복지연구』, 제46호, 2009 겨울, 215-238쪽.

배나래·박충선(2002), 「홀로된 노인의 성과 이성교제가 노년기 재혼에 미치는 영향」, 『한국가족관계학회지』, 제7권 2호, 111-132쪽.

변혜정(1999), 「성폭력 의미구성과 여성의 차이」, 한국성폭력상담소(편), 『섹슈얼리티 강의』, 서울: 동녘, 276-317쪽.

보부아르, 시몬느 드(1994), 『노년』, 홍상희·박혜영(역), 서울: 책세상 (Beauvoir, Simone de, *La Vieillesse*, Paris: Gallimard, 1970).

브리스토우, 조셉(2000), 『섹슈얼리티』, 이연정·공선희(역), 서울: 한나래 (Bristow, Joseph, *Sexuality*, New York: Routelge, 1997).

쉴링, 크리스(2003), 『몸의 사회학』, 임인숙(역), 서울: 나남출판(Shilling, Chris, *Body and Social Theory*, Calif: SAGE Publications, 1999).

쓰지, 신이치(2005), 『슬로 라이프』, 김향(역), 서울: 디자인 하우스(辻信 一, *Slow Life: 100 No Keyword*).

양연심(2008), 「노인의 성의식이 삶의 만족도에 미치는 영향」, 제주대학교 교육대학원 석사학위청구논문(미간행).

웍스, 제프리(1994), 『섹슈얼리티: 성의 정치』, 서동진·채규형(역), 서울: 현실문화연구(Weeks, Jeffrey, *Sexuality*, Chichester: Ellis Horwood, 1986).

이경희·윤가현(2006), 「홀로된 여성노인의 성」, 『한국노년학』, 제15호, 105-131쪽.

이나영(2006), 「포르노그래피, 억압과 해방의 이분법을 넘어서서」, 변혜정 (편), 『섹슈얼리티 강의, 두 번째』, 서울: 동녘, 277-311쪽.

이리가라이, 루스(2000), 『하나이지 않은 성』, 이은민(역), 서울: 동문선 (Irigaray, Luce, *Ce Sexe qui n'en est pas un*, Paris: Editions de Minuit, 1977).

이영균·성경원(2005), 「노년기 성교육에 관한 실태분석」, 노인복지학회

(편),『노인복지연구』, 제28호, 2005 여름, 295-316쪽.

이예종·장진경(2002),「노인의 이성교제가 심리적 복지감에 미치는 영향: 이성교제를 하는 홀로된 노인을 대상으로」,『대한가정학회지』, 제 40권 7호, 141-156쪽.

이현심·김승용(2009),「노년기 남성의 성생활에 관한 질적 연구」,『노인 복지연구』, 제45호, 2009 가을, 207-234쪽.

이형세(2007),「노인의 성범죄에 관한 연구」, 연세대학교 행정대학원 석사 학위청구논문(미간행).

임춘식(2008),『성은 늙지 않는다』, 서울: 동아일보.

장진경(2004),「노인의 이성교제에 대한 태도 연구 I」,『대한가정학회지』, 제42권 1호, 31-54쪽.

장필화(1999),『여성, 몸, 성』, 서울: 또하나의문화.

조영미(1994),「한국페미니즘 성 연구의 현황과 전망」, 한국성폭력상담소 (편),『섹슈얼리티강의』, 서울: 동녘, 11-43쪽.

조옥라(2001),「한국사회에서 나이듦, 그리고 여성의 나이」, 또하나의문화 동인(편),『여성의 몸 여성의 나이』, 서울: 또하나의 문화, 21-32쪽.

조현순(2005),「여성성과 젠더정체성」, 한국여성연구소(편),『새 여성학 강 의』, 서울: 동녘. 93-120쪽.

진선희(2008),「퇴행성 슬관절염 여성노인의 성생활과 삶의 질에 관한 연 구」, 이화여대 대학원 간호학과 석사학위청구논문(미간행).

퀴네, 토마스(2001),『남성의 역사』, 조경식·박은주(역), 서울: 솔(Kuehne, Thomas, *Maennergeschichte-Geschlechtergeschichte: Maennlichkeit im Wandel der Moderne*, Frankfurt: Campus Verlag Gmbh, 1996).

페이트만, 캐럴(2001),『남과 여, 은폐된 성적 계약』, 이충훈·유영근(역), 서울: 이후(Pateman, Carole, *Sexual Contract*, Cambridge: Polity Press, 1988).

푸코, 미셸(1990),『성의 역사 1』, 이규현(역), 서울: 나남(Foucault, Michel, *(L')histoire de la Sexualite*, Paris: Gallimard, 1976).

한설아(1999),「여성의 다이어트 경험을 통해 본 몸의 정치학」, 한국성폭 력상담소(편),『섹슈얼리티강의』, 서울: 동녘, 144-173쪽.

Banner, Lois W.(1993), *In Full Flower: Aging Women, Power, and Sexuality: a History*, New York: Vintage Books.

Calasanti, Toni M. and Kathleen F. Slevin(2001), *Gender, Social Inequalities and Aging*, Walnut Creek, CA: Altamira Press.

Chrisler, Joan C. and Laurie Ghiz(1993), "Body Image Issues of Older Women", Cole, Ellen, Nancy D. Davis, and Esther D. Rothblum(ed.), *Faces of Women and Aging*, New York: Harworth Press, Inc. pp.67-76.

Copper, Baba(1988), *Over the Hill: Reflection on Ageism between Women*, Freedom, Calif.: The Crossing Press.

Frueh, Joanna(1997), "Visible Difference: Women Artists and Aging", Pearsall, Marilyn(ed.), *The Other within Us: Feminist Explorations of Women and Aging*, Boulder, Colo.: Westview Press, pp.197-220.

Grambs, Jean Dresden(1989), *Women Over Forty*, Spring Series: Focus on Women vol.14, New York: Springer Publishing Company.

Granville, Gillian(2000), "Menopause: A Time of Private Change to a Mature Identity", Bernard, Miriam et al., *Women Ageing: Challenging Identities, Challenging Myths*, New York: Routledge, pp.74-92.

Kaplan, E. Ann(1999), "Trauma and Aging: Marlene Dietrich, Melanie Klein, and Marguerite Duras", Woodward, Katheleen(ed.), *Figuring Age: Women, Bodies, Generation*, Bloomington, Ind.: Indiana University Press, pp.171-194.

Katz, Stephen(1996), *Disciplining Old Age: The Formation of Gerontaolgical Knowledge*, Charlottsville and London: University Press of Virginia.

LeMoncheck, Linda(1997), *Loose Women, Lecherous Men: a Feminist Philosophy of Sex*, New York: Oxford University Press.

Lorde, Audre(1984), "Uses of the Erotic: the Erotic as Power", *Sister Outsider: Essays and Speeches*, Trumansburg, NY: Crossing Press.

Mantecon, Valerie H.(1993), "Where Are the Archetypes? Searching for Symbols of Women's Midlife Passage", Cole, Ellen, Nancy D. Davis, and Esther D. Rothblum(ed.), *Faces of Women and Aging*, New York: Harworth Press, Inc., pp.77-88.

Reinharz, Shulamit(1997), "Friends or Foes: Gerontological and Feminist Theory", Pearsall, Marilyn(ed.), *The Other within Us: Feminist Explorations of Women and Aging*, Boulder, Colo.: Westview Press, pp.73-94.

Rubin, Gale(1984), "Thinking Sex: Notes for a Radical Theory of the Politics of Sexuality", Vance, Carole S.(ed.), *Pleasure and Danger: Exploring Female Sexuality*, Boston: Routledge & Kegan, Paul, pp.267-319.

Thone, Ruth Raymond(1992), *Women and Aging: Celebrating Ourselves*, New York: Harrington Park Press.

신문, 잡지 자료

"'사랑'엔 정년이 없다!", ≪스포츠서울≫, 2009년 4월 9일 자.

"규칙적으로 자주…… 성생활에 정년은 없다", ≪부산일보≫, 2009년 9월 10일 자.

"꿈틀거리는 욕망…… '억눌린 성', 야동으로 푼다", ≪스포츠칸≫, 2007년 10월 11일 자.

"남성 성 정년 69세 판결", ≪충청일보≫, 2009년 9월 29일 자.

"노인 위한 이색 성 강좌…… 노년기 섹스 당연한 것", ≪쿠키뉴스≫, 2008년 10월 29일 자.

"노인의 성, 편견과 진실", ≪매일신문≫, 2007년 10월 18일 자.

"노인의 성희롱…… 요양보호사 '속앓이'", ≪한국일보≫, 2009년 10월 28일 자.

"마이너리티의 성 노인", ≪한국일보≫, 2008년 4월 14일 자.

"성에는 정년 없다. 황혼의 로맨스, 드라마 아닌 현실", ≪아시아투데이≫, 2008년 9월 25일 자.

"엇나간 노인들의 성적 욕구…… 범죄자로 변모하는 그들", ≪노컷뉴스≫, 2008년 12월 10일 자.

"인생 후반 행복 찾기 '45+45' 프로젝트, 과감·다양해진 '노인들의 밤'", ≪문화일보≫, 2007년 5월 10일 자.

"제3의 인생 성난 노인들…… 우리도 즐길 권리가 있다", ≪헤럴드경제≫, 2009년 3월 11일 자.

"중년 남 '태반주사' 열풍", ≪헤럴드경제≫, 2006년 1월 24일 자.

김지영(2008), "콜라텍에 흐르는 황혼의 로맨스", ≪시사저널≫ 제986호, 2008년 9월 10일 자.

박희정(2009), "노인의 성 인정해야 할 이유가 성범죄 때문?", ≪일다≫,

2009년 1월 5일 자.

배현정(2005), "노트북을 접으며: 노인의 성과 삶의 질", ≪주간한국≫, 2005년 9월 25일 자.

http://news.naver.com/main/home.nhn

영상 자료

댄스, 찰스 감독(2008), <라벤더의 연인들>, 영국, 103분(Dance, Charles, "Ladies In Lavender").

류미례 감독, 각본(2004), <엄마……>, 한국, 50분.

마이어스, 낸시 감독(2003), <사랑할 때 버려야 할 아까운 것들>, 미국, 117분(Meyers, Nancy, "Something's Gotta Give").

마이어스, 낸시 감독(2009), <사랑은 너무 복잡해>, 미국, 120분(Meyers, Nancy, "It's Complicated").

박진표 감독(2002), <죽어도 좋아>, 한국, 67분.

서동일 감독(2005), <핑크 팰리스>, 한국, 74분.

오점균 감독(2008), <경축! 우리 사랑>, 한국, 100분.

임순례 감독(2009), <날아라 펭귄>, 한국, 110분.

조경덕 감독(2010), <섹스 볼란티어>, 한국, 123분.

텔레비전 프로그램

박승규 기획, 선재희 취재, <성은 늙지 않는다>, KBS-TV, 시사기획 쌈, 2009년 12월 1일 방송.

김병욱 연출, 송재정 극본, <거침없이 하이킥>, MBC-TV, 2006년 11월 6일~2007년 7월 13일 방송.

백호민 연출, 임성한 극본, <보석 비빔밥>, MBC-TV, 2009년 9월 5일~2010년 2월 21일 방송.

김원용 연출, 김수현 극본, <엄마가 뿔났다>, KBS-2TV, 2008년 2월 2일~2008년 9월 28일 방송.

김병욱 외 연출, 이영철 외 극본, <지붕 뚫고 하이킥>, MBC-TV, 2009년 9월 7일~2010년 3월 19일 방송.

IV

. . .

영화에 재현된
노인여성의 성과 사랑[1])

노인여성의 위치에서 이들의 욕망과 성적 실천을
다양하게 제안하고 기존의 성담론을 변화시킬 수 있는
영화들이 제작될 필요성이 있다.

---

1) 이 글은 『미디어, 젠더 & 문화』 제20호(2011)에 실린 논문 「영화에 재현된 노인여성의 성과 사랑」을
   수정, 보완한 것이다.

한국사회의 고령화 진행과 더불어 노인의 성문제가 중요한 쟁점으로 떠오르고 있다. 이러한 흐름 속에서 노인의 성에 관한 연구와 교육이 양적으로 증대하고 있다(김윤정, 2003; 이영균·성경원, 2005; 이형세, 2007; 김은옥, 2007). 이러한 현상은 주변화되어왔던 노인의 성이 가시화되고 사회적 관심을 불러일으켰다는 점에서는 긍정적으로 평가될 수 있다. 하지만 노인의 성은 주변화된 위치에 있는 노인의 욕망을 사회적으로 인정받는 데에 급급함으로써 성 평등의 관점에서 문제점을 간과해왔다. 한국사회의 노인 성담론은 남성의 억압된 성욕의 표출에 집중해왔고 폭력성과 남성 중심성에 대해 둔감한 양상을 드러냈다. 특히 노인의 성에 관한 연구들은 건강, 성매매, 성병의 문제에 집중되었고(김정은, 2004; 이형세, 2007; 양연심, 2008), 관계적 맥락에서 성을 성찰하지 못했다.

이와 같은 현상은 한국사회에서 노인의 성 연구가 가부장제 성규범의 틀 안에서 진행되었기 때문이다. 노인 성담론은 여성의 경험을 반영하지 못했고 여성의 위치에서 논의되지 못한 것이다. 기존의 연구들은 노인여성은 실제로 어떠한 성행동을 하고 있는지 구체적으로 기술했지만, 여성들의 행위를 분석, 고찰하는 과정에서 가부장제 성규범의 한계를 넘어서지 못함으로써 노인여성의 성적 욕망과 실천을 과소평가해왔다. 가부장제 사회에서 여성들의 성적 욕망은 비가시화되어왔고, 노인여성들이 자신의 욕망을 진술하게 이야기하고 행동하는 데에는 사회적 장벽이 존재한다.

영화는 주로 남성 감독에 의해 만들어져왔고, 남성 감독들은 여성의 몸을 욕망의 대상으로 바라봄으로써 여성은 타자화되었다. 관객인 여성들은 영화에 재현된 여성들을 동일시하면서 사랑받는 존재가 되기 위해 노력하거나 이러한 여성들에 대해 불편함을 느끼면서 갈등과 혼란을 겪기도 한다. 한편 여성들은 영화를 시청함으로써 성적 환상 속에서 실천의 기회를 얻기도 한다. 영화에서 여성들은 성적으로 억압된 구조에 순응하는 피해자로 재현되는 것만이 아니라, 규범과 제도를 위반하고 해체하는 실천을 보여주기도 한다. 이러한 측면에서 영화의 텍스트를 분석하는 것은 현실을 넘어서서 창조력과 상상력을 발휘할 수 있는 열린 공간, 즉 남성중심적이고 이성애중심적 성에 대항하는 새로운 공간을 창출할 수 있다. 상상력은 "우리가 거주하는 공간과 우리를 존재하도록 해주는 다른 정체성을 제공"함으로써 공간의 이동을 가능하게 한다(펠스키, 2010b: 45). 여성들은 영화를 통해 가부장 제도와 규범 속에서 억압된 몸의 경험을 주체적으로 변화시킬 수 있는 통찰력을 얻게 된다. 이러한 관점에서 영화에 재현된 노인여성의 성과 사랑을 살펴보는 것은 다음과 같은 의의를 갖는다. 첫째, 노인여성의 위치에서 관계, 욕망, 권력 등을 분석함으로써 성을 둘러싼 차별과 폭력 등을 시정할 수 있다. 둘째, 여성의 성적 욕망과 실천을 통해 가부장제 규범을 변화시키기 위한 공간을 탐색할 수 있다.

1. 노인여성의 성과 사랑을 다룬 영화들

영화 〈죽어도 좋아(2002)〉는 한국사회에서 노인의 성을 가시화한 작품이다. 이 영화는 노인커플을 대상으로 성과 사랑을 노골적으로 표현해 낸 작품으로 노인의 성을 사회적으로 가시화하고 담론화시키는 데에 중요한 역할을 했다. 이 연구는 〈죽어도 좋아〉가 상영된 이후 최근 2008년부터 2011년 현재까지 4년간 국내에서 상영된 영화 중에서 여성의 나이듦과 성, 노인의 성과 사랑, 관계를 소재로 다룬 영화 20편을 분석대상으로 삼았다. 이 영화들은 다음과 같은 이유에서 선정되었고 아래의 표로 정리했다(〈표 IV-1〉 참조).

분석대상인 영화들은 노인의 질병, 죽음, 고독이라는 특수한 상황을 다루고 있다. 즉, 이 영화들은 은퇴, 치매, 죽음, 사별의 고통과 더불어 성과 사랑이라는 주제를 다루면서 노인여성의 상황과 맥락을 재현하고 있다. 영화들은 국가, 문화, 제도의 차이에도 불구하고 노인의 성과 사랑을 다루었다는 측면에서 공통점을 가진다. 〈톨스토이의 마지막 인생〉과 〈라벤더의 연인들〉은 특정한 역사적 시기를 다루고 있지만 여성의 능동적이고 적극적인 성적 욕망과 행위성을 드러내고 있다는 점에서 분석대상에 포함시켰다. 이러한 다양성은 비교의 한계에도 불구하고 노인 성담론의 대안을 모색하는 데에 도움이 될 것이다. 한편 위의 영화 중에서

〈경축! 우리 사랑〉, 〈아이 엠 러브〉, 〈애정 만세〉는 노년기가 아니라 중년에서 노년으로 넘어가는 시기의 여성의 이야기를 다룬 것이다. 이 영화들은 나이듦을 여성의 생애주기와의 연속 선상에서 해석하고 중·노년기 여성의 성적 욕망과 행위성을 표현하고 있다.

<표 Ⅳ-1> 분석대상 영화

번호	제목	연도	국가	감독	개요
1	경축! 우리 사랑	2008	한국	오점균	하숙집과 노래방을 하면서 열심히 살고 있는 50대 기혼여성의 성과 사랑을 다룬 작품이다. 봉순은 남편과 애인 중 양자택일을 하는 것이 아니라 새로운 가족의 구성을 제안하고 있다.
2	날아라 펭귄	2009	한국	임순례	다양한 연령대의 커플의 사랑과 갈등을 그려낸 작품이다. 남편 은퇴 이후 노부부의 갈등과 화해를 보여준다. 은퇴 남편의 역할상실, 가장으로서의 권위에 대한 위기의식과 아내의 자아 찾기 과정에서 겪는 노부부의 갈등을 다루었다. 성별분업이 노부부의 관계에 미치는 영향을 그려내고 있다.
3	시	2010	한국	이창동	집단성폭력의 가해자인 손자의 할머니인 노인여성의 이야기를 다룬다. 미자는 시를 쓰고 싶어 하는 순수한 존재로서 손자의 폭력으로 자살한 소녀의 죽음을 슬퍼한다. 이 영화를 분석대상으로 삼은 이유는 미자가 노인남성을 간병하는 과정에서 겪는 성폭력의 상황을 다루고 있기 때문이다.
4	그대를 사랑합니다	2011	한국	추창민	두 노인커플의 사랑을 다루면서 죽음이 노인의 사랑에 어떠한 영향을 미치는지 보여준다. 치매 걸린 아내와 아내를 보살피는 남편의 사랑과 노인 남녀의 만남, 연애, 이별의 과정을 섬세하게 묘사하고 있다.
5	애정 만세: 산정호수의 맛	2011	한국	부지영	중년 여성인 순임이 회사 야유회에서 연하남에게 따뜻한 배려를 받고 연하남을 욕망하게 되는 과정을 그려내고 있다. 나이든 여성의 성적 욕망이 추하고

					괴기스럽게 표현되고 있다. 이러한 재현 방식에 대해 심층적인 분석이 요구된다.
6	라벤더의 연인들	2008	영국	댄스, 찰스	평화롭게 노년기를 보내는 두 자매가 바닷가에 떠내려온 청년을 구하면서 벌어지는 이야기다. 연령을 초월한 남녀의 사랑과 노인여성들에게 사랑이 주는 의미를 제시하고 있다. '냉전'이라는 특정한 시기를 다루었지만 노인여성의 욕망과 관계를 성찰하는 데에 필요한 자료다.
7	우리도 사랑한다	2008	독일	드레센, 안드레아	노인여성의 성적 욕망과 사랑을 진솔하게 표현함으로써 성적 행위성을 보여준다. 잉에는 남편과의 성생활에 만족하지 못하고 다른 남성을 사랑하게 된다. 노인여성이 성적 욕망을 적극적으로 표현하고 있다.
8	어웨이 프롬허	2008	캐나다	폴리, 사라	치매에 걸린 아내에 대한 남편의 사랑을 다루고 있다. 아내는 남편의 부담을 덜어주고 싶어서 요양원에 가겠다고 결정하고, 남편은 그녀의 청을 마지못해 따른다. 하지만 아내는 요양원에 가서 다른 남자를 사랑하게 되고 남편은 요양원을 자주 방문하면서 갈등에 빠진다. 치매에 걸린 여성의 사랑과 기억을 잃어가는 아내를 사랑하는 남편의 감정을 섬세하게 다루고 있다.
9	사랑 후에 남겨진 것들	2009	독일	되리, 도리스	노부부의 사랑과 노년기의 삶과 죽음을 다루고 있다. 남편이 암으로 죽는다는 사실을 알게 된 아내는 절망과 슬픔에 빠져 동반여행을 제의한다. 남편은 자신이 암으로 죽는다는 사실을 모른 채 여행을 떠난다. 여행 중에 아내는 급사를 하고 남편은 아내를 그리워하면서 세상을 떠난다. 성별분업이 노부부 관계에 미치는 영향을 성찰한다.
10	톨스토이의 마지막 인생	2009	독일 외	호프먼, 마이클	톨스토이와 아내 안나의 노년기를 다루고 있다. 안나는 남편에게 집착하고 남편의 일을 방해하는 나쁜 여성으로 평가된다. 하지만 영화에서 안나의 성적 욕망과 사랑의 감정은 금욕주의와 이성/감정의 이분법을 비판하는 사례로 제시된다. 특정 시기를 다루었지만 노부

					부의 성과 사랑을 성찰하는 데에 중요한 자료가 된다.
11	하비의 마지막 로맨스	2010	미국	홉킨스, 조엘	은퇴를 앞둔 작곡가 하비가 딸의 결혼식을 위해 영국에 갔다가 공항에서 일하는 중년 여성 케이트를 만나 사랑하는 내용이다. 이 영화에서 케이트의 엄마는 조연으로 등장하지만 이웃집 젊은 남자에 대한 욕망을 적극적으로 표현하고 있다.
12	토일렛	2010	일본	오기가미 나오코	어머니를 잃은 세 남매와 할머니와의 관계를 다루고 있다. 할머니는 개성 강한 세 남매와 교감하면서 손자녀들이 성장할 수 있도록 정서적·물질적으로 지원한다. 이러한 사랑은 모성을 기초로 노인여성의 지혜와 통찰력을 보여준다.
13	레터스투 줄리엣	2010	미국	워닉, 개리	남편과 사별한 노인여성이 첫사랑을 찾아 이탈리아 방방곡곡을 헤매는 과정을 그린다. 클레어는 결혼식 전날 밤 첫사랑과 도망가지 못한 것을 평생 후회하면서 한 번만이라도 그를 만나고 싶어한다. 그녀가 첫사랑을 찾아다니고 조우하고 결혼하는 과정은 적극적인 사랑을 표현하고 있다.
14	환상의 그대	2011	미국	알렌, 우디	노부부와 자녀 부부의 엇갈린 사랑과 갈등을 다루고 있다. 남편 알피의 나이듦에 대한 상실감과 젊은 여성에 대한 욕망 그리고 아내 헬레나가 이혼의 상처를 극복하고 새로운 남자친구를 사귀는 과정 등은 노부부의 이혼, 연애, 재혼의 과정에서 성별화된 맥락을 보여준다.
15	러블리, 스틸	2011	미국	패클러, 니콜라스	치매에 걸린 남성의 상상을 통해 노인의 사랑과 일상생활을 그리고 있다. 남편을 극진히 보살피는 아내와 아내를 기억하지 못하는 남편의 사랑을 담아내면서 노부부의 관계와 사랑을 표현하고 있다.
16	코파카바나	2011	프랑스	피투시, 마르크	모녀관계의 양가감정을 중심으로 중·노년기 여성의 사랑과 관계를 다룬다. 바부는 철없는 엄마로 딸이 결혼식에 오지 말라는 이야기를 듣고 충격을 받고, 덴마크로 가서 딸에게 자랑스러운 엄마가 되기 위해 보험중개인으로 성공

					한다. 이 영화는 중·노년기 여성의 관계와 사랑을 다루고 있고 바부의 자유로운 행동은 여성의 성적 욕망과 행위성을 성찰하는 자료가 된다.
17	마마 고고	2011	아이슬란드	프리드릭슨, 프리드릭 토르	고고가 치매 걸린 이후의 삶과 가족관계에 대해 그려낸다. 고고는 요양원에 가고 싶어 하지 않지만 아들의 청으로 요양원에 가게 된다. 고고는 요양원에서 위기에 처하지만 그때마다 죽은 남편의 환영이 등장해서 그녀를 도와준다. 치매에 걸린 노인여성의 환상을 통해 이상적인 노부부의 성과 사랑이 재현되고 있다.
18	아이 엠 러브	2011	이탈리아	구아디아노, 루카	상류층의 전업주부인 중·노년기 여성의 열정적인 사랑을 다룬다. 엠마가 아들의 남자친구와 외도를 하고 집을 나오는 과정을 그리고 있다. 엠마의 태도는 여성의 성적 욕망과 행위성을 보여준다.
19	세상의 모든 계절	2011	미국	리, 마이크	전문직에 종사하는 노부부 톰과 제리의 일상을 다룬다. 제리의 직장 동료 메리는 이혼녀로서 연하남을 욕망하지만 번번이 실패한다. 노부부 관계와 친구인 메리의 연하남에 대한 욕망은 노인여성의 성과 사랑을 성찰하는 데에 중요한 자료가 된다.
20	수영장	2011	일본	오모모리, 미카	태국 치앙마이에서 게스트하우스에서 일하는 중년 여성에게 일본에 사는 딸이 찾아오면서 벌어지는 일상생활을 다루고 있다. 이 영화에서 게스트하우스의 주인 노인여성 기쿠코는 시한부 인생이지만 유기동물과 부모 없는 소년을 돌보면서 살아간다. 이 영화는 노인여성의 사랑과 관계에 대해 통찰력을 제공한다.

2. 여성의 경험과 노인의 성 연구

1) 노인의 성 연구에 관한 비판

노년기는 은둔과 쇠퇴의 시기로 죽음 이전에 인생을 정리하는 시기로 알려져 왔다. 양옥남은 노년기에 관한 학자들의 정의를 다음과 같이 요약하고 있다(양옥남 외, 2006: 68-71). 노년기는 첫째, 심리사회 발달 이론에서는 인간발달과정의 마지막 단계로 자아통합을 도모하는 시기이고, 둘째, 정체감 위기 이론에서는 은퇴로 인한 역할상실로 정체성의 위기를 경험하는 시기이며, 셋째, 사회적 와해 이론에서는 노인에 대한 사회적 낙인으로 인해 노인들이 적응하지 못하고 방황하는 시기다. 이러한 맥락에서 노인들은 연령의 층위에서 차별받는 집단, 주변화된 존재, 피해자로서 사회적 관심과 배려를 필요로 한다.

하지만 노인들은 특별하게 대우받기보다 평등한 존재로서 자신의 삶을 계획하고 지속적으로 성장하기를 원한다. 성공적 노화란 평균수명의 증가와 더불어 노년기를 질병, 쇠퇴, 비생산적인 시기로 이해하는 것이 아니라 노인들이 건강을 유지하고 타인과 관계를 맺으면서 적극적으로 생산 활동에 참여하는 것이다(로우·칸, 2005). 즉, 평균수명의 연장으로 인해 노년기는 새로운 성장과 발전을 도모하는 시기로 해석되고 있다. 이 글에서는 노인이 자신의 문제를 선택, 결정하고 책임지는 존재라는 점을 인식하면서 노인의 성과 사랑을 살펴보고자 한다.

한편, 한국사회에서 노인의 성 연구는 활발하게 진행되었고 다수의 논문이 생산되고 있다. 이 연구들은 노인들이 표면적으로 성에 대한 보수적인 태도를 보여준다 하더라도, 실제로 성에 대해 많은 관심을 갖고 있고 왕성하게 성생활을 하고 있다고 밝힌다(김윤정, 2003; 방영숙·남기민, 2009). 대부분의 노인의 성 연구에서는 남성의 성이 남성성을 구성하는 데에 어떠한 영향을 미치는지 고찰하고 있다(나동석·김영대, 2011; 이현심·김승용, 2009; 조임현, 2011). 이 연구들은 다음과 같은 특성을 보여준다. 첫째, 성은 노인남성에게 중요한 의미가 있고 삶의 만족도와 자아성취감과 연관되어 있다. 둘째, 노인남성들은 성을 살아 있는 증거, 남성다움과 힘으로서 의미화하고 있다. 셋째, 노인남성들은 온갖 수단을 동원해서 성욕을 해결하고 있는 현실을 기술하고 있다. 요컨대 이 연구들은 남성중심적인 노인 성담론을 구성하는 데에 일조하고 있다.

이동옥(2010)은 한국의 노인 성담론을 비판하면서 세 가지 문제를 제기하고 있다. 구체적으로 이 논문은 첫째, 남성의 성기능과 건강을 위한 성으로 노인의 성이 다뤄지는 현상을 비판했다. 둘째, 노인남성이 욕망의 주체이고 여성이 욕망의 대상으로 다뤄지고, 특히 노인여성은 노인 성담론에서 주변화되는 현상을 비판했다. 셋째, 노인의 성의 음성화에만 관심을 기울인 나머지, 노인의 성폭력에 대해 간과하고 정당화하는 현실을 비판했다.

한편 노인 성 연구의 활성화와 더불어 노인여성을 대상으로 하는 성 연구도 양적으로 증가하고 있다. 여성은 남성보다 평균수명이 높고 노인인구의 다수를 차지하기 때문에 성 연구에서도 중요한 대상이 된다. 김연순(2005)은 생애사적 연구를 통해, 불평등한 부부관계를 경험해온 노인여성들이 성을 피해나 고통으로 인식하고 있으므로 성적 욕망을 표현하는 것이 힘들다고 역설한다. 하지만 독신 노인여성들은 기혼여성보다 가부장제의 성규범에 대해 유연한 태도와 반응을 보이고 적극적으로 행동할 것으로 예측된다. 그럼에도 실제적으로 사별여성들은 성에 대해 개방적인 태도를 보이면서도 여전히 성규범에서 자유롭지 못하고 욕망을 절제한다(나임순, 2005; 이경희·윤가현, 2006). 또한 경기도 노인의 성 연구에서는 노인여성들이 삶에 만족하기 때문에 남성들보다 성에 대한 불만이 적다고 기술하고 있다(안태윤 외, 2011).

선행연구들은 노인여성의 성적 욕망과 행위성에 관심을 보이고 있다. 하지만 이 연구들은 남성중심적인 관점에서 여성의 성역할에서 자유롭지 못한 한계가 있다. 또한 선행연구들은 가부장제 성규범과 여성의 성적 욕망, 감정, 관계, 권력 등과 연관 지어 성별화된 맥락을 설명하지 못했다.

2) 노인여성의 경험에 기반을 둔 성과 사랑의 분석

근대 과학은 남녀의 생물학적 본성이 다르다는 전제하에서 성행동에도 차이가 있다는 자료들을 입증하고자 노력했다(하버드, 1999; 타브리스, 1999). 생물학적 성차는 생식기, 성호르몬을 근거로 여성이 성적으로 소극적·수동적으로, 남성이 적극적·능동적으로 행동하는 원인이 된다는 것이다. 하지만 여성학자들은 사회구성론의 입장에서 성이 본질적인 것이 아니고 변화 가능한 것이라고 주장해왔다. 가부장제하에서 성에 대한 이중규범은 남녀에게 차등적으로 적용되어왔으므로 생물학적 환원론이 여성의 성적 욕망을 통제하고 남성의 성적 욕망에 대해 관용적인 사회문화를 구성한다고 비판해왔다(장필화, 1999; 조영미, 1994; 하바드, 1999; 퀴네, 2001). 남성중심적인 성문화는 여성을 위험한 존재로 경계하면서도 여성에 대한 성적 억압과 폭력을 지속시켜왔다. 하지만 여성들은 가부장제의 성규범에 저항하면서 사회를 변화시키고 있다. 여성학자와 여성주의 활동가들은 "개인적인 것은 정치적인 것이다"라는 모토에서 사적인 것으로 논해지지 않았던 은밀한 성의 영역에 도전한다. 또한 성폭력과 성적 욕망에 대해 여성의 경험을 반영해서 새로운 성담론을 구성함으로써 사회를 변화시키고 있다.

그럼에도 노인의 성은 상대적으로 여성학자들의 관심이 미치지 못했다. 이것은 여성이라는 범주 내에서 노인여성에 대한 무관심과 비가시화로 해석될 수 있다. 카퍼는 여성학 연구가 연령차별에 민감하지 못한 현상을 비판했다. 여성학 연구에서도 젊은 여성, 중년 여성이 중심을 차지했고 노인여성에 대한 관심은 주변화되어 있다(Copper, 1988). 또한 보부아르는, 노인의 성적 욕망이 젊은 시절의 욕망과 유사하지만 사람들이 이를 부정해왔다고 비판한다(보부아르, 1994: 10). 특히 보부아르는 이성애 관계에서 여성의 외모가 여성의 삶에 영향을 미치고 자신의 가치를 평가하는 기준이 되는 것을 지적한다. 나이든 여성의 외모는 미의 기준에서 벗어나 있기 때문에 나이든 여성들은 낮은 자아존중감을 갖고 있다는 것이다(보부아르, 1994: 487).

여성학자들은 사회문화 속에서 노인여성의 욕망이 공포와 혐오 속에서 재현되는 것을 비판해왔다. 그러나 나이든 여성의 욕망이 부정적으로 재현된다 하더라도, 이것은 노인여성이 사랑하고 사랑받고 싶은 욕망이 있음을 가시화한다. 나이든 남성은 품위, 지위, 권위를 배경으로 성적 욕망을 표현하지만, 나이든 여성들은 남성들처럼 지적인 역할모델을 찾아내지 못하고 성적 욕망에서 제한받는다(슐래퍼, 2005: 158). 노인남성이 젊은 여성을 욕망하는 것을 허용하는 문화의 이면에서, 노인여성은 매력적인 존재가 되지 못하고 젊은 남성을 욕망할 때 비난받는다(보부아르, 1994: 487).

노인남성의 성적 욕망을 허용하고 여성의 욕망을 억압하는 문화는 가부장제의 권력과 밀접히 관련되어 있다. 역사적으로 노인여성들은 사업가나 수도원장으로서 식물, 양육, 양재에 관한 지식을 소유함으로써 권력을 확보하고 있었다(Banner, 1992: 167). 하지만 가부장제는 노인여성에 대해 재생산을 하지 못하고 남성의 성적 대상이 되지 못하는 존재로 폄하해왔다(Copper, 1998; Reinharz, 1997: 108; Banner, 1992: 196). 가부장제의 시선에서 노인여성은 성폭력이나 성적 접근과는 거리가 먼 존재, 즉 무성적·비성적 존재로 해석되고 있다(Frueh, 1997; Copper, 1998: 29). 배너는 노인여성이 어떻게 자신의 욕망을 표현했고 사회가 어떠한 제재와 처벌을 가해왔는지 자료를 제시한다(Banner, 1992: 172-174). 또한 젊은 여성을 욕망하는 가부장제의 시선은 노인여성과 젊은 여성을 분리하고 여성 간의 연대를 방해함으로써 가부장제를 유지한다(Banner, 1992; 조옥라, 2001).

한편 노인여성의 경험은 가부장제의 성규범을 변화시킬 수 있는 통찰력을 제안한다. 첫째, 노인여성의 몸은 이성애 관계에서 젊은 여성에 비해 매력적이지 않지만, 레즈비언 관계에서는 다르게 평가될 수 있다. 노인여성은 경험이 풍부한 여성의 몸, 상대를 보살피고 헌신하는 존재, 자기존중감과 내적 고요를 가진 몸, 매력적인 욕망의 대상이 된다(Cristofovici, 1999: 283-284; Pasquier, 1999: 298-299).

둘째, 노인여성들은 가부장제가 부과한 재생산의 위험과 책임, 성역할에서 자유로워져서 성을 즐기거나 창조적 삶에 몰두할 수 있다(Banner, 1992: 167; Cristofovici, 1999; 노스럽, 2002). 가부장제에서 여성의 행복은 스스로 결정하고 개척하는 것이 아니라 남성에 의해 좌우된다. 여성주의 비평가들은 여성들이 삶에서 사랑, 결혼, 가족을 중요하게 인식하고 이성애 관계를 삶의 전부로 규정하는 텍스트의 서사와 플롯을 비판해 왔다(모리스, 1997; 베임, 2004; 펠스키, 2010b). 여성의 속성을 사랑으로 규정하는 사회문화 속에서 노인여성의 사랑을 논의하는 것은 노년기까지 여성에게 성역할을 강요하거나 이타심을 요구하는 결과를 초래할수 있다. 그러나 노인여성은 성역할에서 자유롭게 행동함으로써 낭만적결혼의 각본을 넘어서서 성적 행위성을 제시할 수 있다.

셋째, 성과 사랑은 노년기의 삶을 풍요롭게 하는 원천이 된다. 쏜 (Thone, 1992: 53-57)은 나이든 여성의 몸을 비하하는 사회에서 노인여성들이 슬픔과 분노를 갖는 것은 당연하지만, 노인여성에게 성이란 육체를 통해 존재의 소중함을 확인하는 과정으로서 중요한 의미를 갖는다고 역설한다. 로드(Lorde, 1984: 198)는 사랑의 기능을 다음과 같이 정의한다. ① 사랑은 다른 사람과 기쁨을 깊이 있게 공유함으로써 차이의 위협을 줄이고 서로를 이해하는 기초가 된다. ② 사랑은 기쁨을 위한 능력에 대해 개방적이고 두려움 없으며 자신의 몸이 음악이나 리듬에 열리게 한다. 노인여성들은 남성에 대한 사랑뿐 아니라 인간, 자연, 신과의 관계에 반응하면서 삶의 에너지를 활성화시킬 수 있다(Frueh, 1997: 211;

Northrup, 2001/2002: 21, 371). 따라서 이 글에서는 이성애 관계에 국한하지 않고 노인여성이 맺는 다양한 관계 속에서 성과 사랑의 방식을 고찰하고자 한다.

이러한 관점에서 이 글은 영화에 재현된 노인여성의 성과 사랑을 통해 여성의 관계와 성적 욕망, 행위성이 어떻게 제시되고 있는지 살펴보고 대안을 탐색하고자 한다. 가부장제 사회에서 남녀에게 다르게 적용되는 이중 성규범은 남성의 성적 욕망에 대해 관용적인 한편, 여성의 성적 욕망에 대해 제한적이었다. 가부장제 사회에서 남성은, 순종적인 여성을 매력적이라고 해석하면서 여성의 성을 통제하고 남성의 욕망을 강화해왔다(베임, 2004). 또한 가부장제는 여성의 욕망을 억압하고 여성에게 침묵을 강요했지만, 여성작가의 문학 작품에서 여주인공들은 광기를 통해 자신의 목소리를 내기 위해 노력해왔다(펠스키, 2010b: 114; 길버트, 2004). 또한 여성주의 비평가들은 텍스트의 의도를 왜곡한다고 비판받으면서도 텍스트의 성별화된 맥락에 끊임없이 의문을 제기해왔다(펠스키, 2010b: 24). 이러한 비평방식은 친숙한 것에 거리를 두고 텍스트를 새롭게 분석하면서 남녀에 관한 기본 전제에 문제의식을 갖는 것이다(펠스키, 2010b: 62).

이 글은 모리스(Morris, 1997)가 정의한 여성주의 비평을 참조하면서 영화 속에 재현된 노인여성의 성과 사랑을 분석하고자 한다. 첫째, 여성주의 비평이란 남성이 만들어낸 여성의 이미지를 다시 읽고 새로운 여성의 이미지를 만드는 것이다. 또한 타자, 신비와 두려움의 대상으로서 여성, 아름답지 않은 여성, 독립적인 여성, 순종적이지 않은 여성을 새롭게 평가하는 것이다. 둘째, 여성주의 비평이란 남자주인공 중심의 서사구조에 대해 문제의식을 갖고 텍스트를 다시 읽으면서 여성의 행위성을 드러내는 것이다. 셋째, 여성주의 비평이란 여성의 운명에 관한 플롯을 재구성하고 텍스트 내부에 존재하면서 저항하는 여성의 공간을 탐색하는 것이다.

3. 노인여성의 성과 사랑

영화 속에서 노인여성들은 기존의 성역할에 순응하면서 여성성의 원칙 안에서 행동한다. 〈시〉의 미자와 〈그대를 사랑합니다〉의 송이뿐은 소녀다운 감성을 지닌 순진하고 고운 할머니로, 〈어웨이 프롬 허〉의 피오나와 〈코파카바나〉의 바부는 사랑스럽고 귀엽고 아름다운 여성상이다. 또한 〈세상의 모든 계절〉에서 제리는 집안일과 직장일 모두 성공적인 취업주부로, 〈사랑 후에 남겨진 것들〉의 트루디, 〈환상의 그대〉의 헬레나, 〈러블리, 스틸〉의 메리는 남편에 대해 헌신적이고 착한 전업주부로, 〈토일렛〉의 할머니, 〈마마 고고〉의 고고, 그리고 〈수영장〉의 기쿠코는 모성의 전형이다.

하지만 영화에서 노인여성들은 기존의 성역할에 순응하는 것만이 아니라 성역할과 갈등적인 양상도 보여준다. 〈날아라 펭귄〉에서 아내는 가사노동을 요구하는 은퇴 남편에게 맞서서 노년기의 자유를 주장한다. 〈시〉에서 미자는 순진하고 수동적인 여성상으로 해석되지만, 노인남성의 성적 접근에 저항하고 성을 이용해서 돈을 빌리기도 한다. 〈러블리,

스틸〉에서 메리는 마음에 드는 독신 노인남성에게 적극적으로 데이트를 신청한다.

여성들은 가부장제의 성규범을 위반, 해체하면서 적극적으로 욕망을 표현하고 성적 행위성을 드러내고 있다. 〈우리도 사랑한다〉, 〈톨스토이의 마지막 인생〉, 〈레터스 줄리엣〉에서는 기다리는 수동적인 여성상이 아니라 적극적이고 능동적으로 다가가는 여성상을 제시한다. 또한 〈경축! 우리 사랑〉, 〈아이 엠 러브〉, 〈애정 만세〉, 〈라벤더의 연인들〉, 〈하비의 마지막 로맨스〉에서는 나이든 여성들이 연하남에 대한 욕망을 과감하게 표현하고 있다.

1) 노부부 관계에서 친밀성과 성별분업

(1) '평생 동반자'의 환상과 아내와의 사별

영화 속에서 이상적인 노부부는 평생을 함께하면서 경제적·정서적으로 안정된 노년기를 보내는 모습이다. 〈세상의 모든 계절〉에서 제리(루쓰 신 분)와 톰(짐 브로드벤트 분) 부부는 심리치료사, 지질학자로서 전문직에 종사하고 주말에는 농장에서 일하면서 경제적·정서적으로 안정적인 중산층 노부부 관계를 재현한다.

또한 영화 속에서 이혼, 독신, 사별 등의 노인여성들은 '평생 동반자'라는 노부부에 관한 환상을 갖고 있다. 〈그대를 사랑합니다〉에서 독신인 송이뿐(윤소정 분)은, 치매에 걸린 아내(김수미 분)를 업고 다정하게 돌아가는 남편(송재호 분)을 바라본다. 송이뿐은 이러한 노부부의 모습을 보고 부러워한다. "저렇게 늙어가고 싶었는데…"라는 한마디는 이를 단적으로 표현한다. 〈환상의 그대〉의 헬레나(젬마 존스 분)는 남편 알피(안토니 홉킨스 분)가 이혼을 요구하자 충격을 받는다. 헬레나는 부부가 함께 늙어가는 것을 삶의 행복으로 생각한 만큼 황혼이혼을 삶의 실패로 해석한다.

영화 속에서 평생 동안의 성별분업은 노부부의 관계에 영향을 미치고 있다. 성별분업이란 남성이 돈을 벌어오고 여성이 가사노동과 양육을 담당하는 것이다. 여성은 남성에게 경제적으로 의존하고, 남편은 아내의 보살핌 없이 일상생활을 영위할 수 없고 정서적으로 의존한다. 기능적 성별분업에 따른 의존적인 삶은 은퇴한 남편들이 아내에게 성역할을 기대하기 때문에 부부간의 갈등을 초래한다. 〈날아라 펭귄〉에서는 가사노동에서 자유로워져서 취미생활과 여가생활을 즐기려는 아내(정혜선 분)와 은퇴 이후 실추된 가장의 권위를 회복하려는 남편(박인환 분)이 갈등하면서 별거를 하고 이혼의 위기를 맞이한다. 남편은 아내가 집을 떠나자 삶의 변화에 적응하지 못하지만 아내는 자유롭게 생활한다. 결국 남편이 독거를 하다가 부상을 당함으로써 아내는 집으로 돌아오고 성역할에 대한 조정과 협상이 이뤄진다.

〈그대를 사랑합니다〉에서 남편 장군봉(송재호 분)은 치매를 앓고 있는 아내(김수미 분)가 말기암에 걸리자 동반자살을 감행한다.12) 동반자살은 노부부가 운명공동체라는 것을 강조하면서 남편이 아내를 책임져

---

12) 노부부의 동반자살은 남편의 사랑과 책임으로 해석되지만 노부부의 권력관계에서 보살핌과 죽음에 대해 결정권을 갖지 못하는 아내의 현실을 은폐하는 측면이 있다(이동옥, 2007).

야 한다는 성역할을 강화시킨다. 죽음을 감행하는 남편의 행동은 사랑으로 해석된다. 하지만 남편은 아내에게 정서적으로 의존하고 있기 때문에 아내와 사별하고 살아갈 자신이 없다고 고백한다. 이러한 관계는 동등한 인격체 간의 사랑이 아니라 아이와 같이 어머니의 보살핌에 길들여진 미성숙한 사랑을 보여준다. 이러한 상황은, 남편이 아내의 도움을 받으면서 살아왔기 때문에 아내와 사별한 이후 생존이 불가능하고 혼자 사는 것에 적응하지 못하는 현실을 반영한다.

〈사랑 후에 남겨진 것들〉에서 노부부는 성역할에 충실하면서 기능적인 분업을 수행해왔지만 공유하는 부분이 없고 의사소통이 원활하지 않다. 아내 트루디(하넬로레 엘스너 분)는 남편 루디(엘마 베퍼 분)의 도시락을 챙기고 남편은 집안일에 무신경하면서 일에 몰두하고 아내가 싸준 도시락을 담담하게 먹으면서 살아왔다. 하지만 남편은 아내가 급사한 이후 새로운 삶에 적응하지 못한다. 자녀들은 어머니의 빈 공간을 인식하면서 아버지를 보살펴야 한다는 사실을 부담스러워한다. 루디는 아내의 중재를 통해 자녀와 소통했지만 아내의 죽음으로 자녀들과 직접 소통하면서 어려움을 겪는다. 그는 가장으로서 성실하게 살아왔다고 생각했지만, 아내의 사소한 요구들을 무시했고 일이 바쁘다는 이유로 가족과 함께 시간을 보내지 못했음을 후회한다. 이러한 남편의 행동은 아내에 대한 사랑으로 해석되지만 아내의 죽음은 돌이킬 수 없고 죽은 아내에게 보상이 되지도 못한다. 영화 속에서 남편은 질병으로 죽음에 이르면서 아내와 합일되고 남편의 죽음은 아내에 대한 사랑으로 해석되고 있다. 그러나 아내 없이 생존할 수 없는 남편의 현실은 성별분업의 부정적인 결과로 재해석될 필요가 있다.

노부부 관계에서 사랑과 친밀성을 강조하는 것은 각박한 세상에서 이러한 관계만이 유일한 구원이라는 것을 제시한다. 근대 이후의 사회에서 가족, 특히 부부간의 사랑, 친밀감을 강조하는 것은 전통사회에서 공동체 구성원에 대한 책임과 유대가 가족으로 축소되었기 때문이다(벡, 울리히·벡, 게른하임, 1999: 기든스, 1996). 이와 같이, "노부부가 평생 동반자"라는 환상은 자녀와의 갈등, 사회와의 갈등의 보호막으로 폐쇄적으로 작용한다. 하지만 노부부의 사랑과 친밀감을 강조하는 것은 노인차별과 사회적 책임을 은폐하는 데에 일조하므로 비판적으로 해석되어야 한다.

(2) 질병 및 죽음 불안과 안식처로서 여성

노년기는 질병 및 죽음과 분리될 수 없고 노인의 연애, 결혼관계에서 보살핌은 사랑으로 해석된다. 그러나 노부부관계의 보살핌에서도 성별화된 맥락이 반영되고 있다. 아픈 남편을 보살피는 것은 여성의 역할이지만 아픈 아내를 보살피는 것은 남편의 역할이 아니다. 이러한 상황에서 아픈 아내를 보살피는 행위는 남편의 아름답고 순수한 '사랑'으로 높이 평가된다.

〈어웨이 프롬 허〉에서 치매에 걸린 아내 피오나(고든 핀센트 분)는 남편 앤더슨(줄리 크리스티 분)을 기억하지 못하고 요양원에서 만난 남자를 사랑하게 된다. 남편은 질투와 연민, 사랑으로 갈등하지만 관대하고 진실한 사랑을 보여준다. 그러나 남편은 젊은 시절 외도를 함으로써 아내를 힘들게 한 적이 있었고 치매에 걸린 아내가 기억을 잃은 척하면서 과거의 일을 복수하는 것 같다고 괴로워한다. 그럼에도 불구하고 남편의 과거는 현재 아내에 대한 사랑으로 용서된다. 피오나는 세상에서 가장 행복한 아내이고 앤더슨은 훌륭한 남편으로 재현된다.

반면에 치매에 걸린 남편에 대한 아내의 사랑은 성역할로 해석되면서 남편의 사랑만큼 높은 평가를 받지 못하고 있다. 〈러블리, 스틸〉에서 남편 로버트(마틴 랜도 분)는 아내 메리(엘렌 버스틴 분)를 알아보지 못하고 힘들게 한다. 그럼에도 아내는 인내하면서 그를 보살핀다. 그러나 아내의 행위는 당연한 역할로서 인식될 뿐, 남편의 보살핌만큼 높은 가치로 평가되지 않는다.

한편, 여성은 집을 상징하고 안식처와 휴식처를 제공하는 존재로서 향수를 불러일으킨다. 〈그대를 사랑합니다〉에서 노인커플은 서로 사랑하지만 사별의 고통을 두려워하면서 이별을 결심한다. 죽음이라는 특수한 상황은 노인의 사랑에 영향을 미친다. 노인남성인 김만석(이순재 분)은 자녀의 보살핌을 받으면서 죽지만, 송이뿐은 시골집에 독거하면서 김만석을 기다린다. 노인커플은 만석의 죽음과 동시에 환상 속에서 조우한다. 하지만 송이뿐이 죽음에 이르는 과정에서 어떠한 보살핌을 받을 수 있는지는 생략되어 있다. 여성들이 자녀를 보살피고 가족에게 안식처를 제공하지만, 자신이 편히 쉴 수 있는 집은 어디에도 존재하지 않는다(펠스키, 2010a). 노인의 연애에서 남성은 여성에게 세심한 배려를 보여준다. 〈그대를 사랑합니다〉에서 김만석은 송이뿐에게 생일상을 차려주거나 힘든 일을 도와준다. 그럼에도 노인여성은 보살핌이 필요한 존재로 인식되지 않는다. 아울러, 영화 속에서 노인여성은 남성을 보살피는 존재인 반면, 노인여성이 보살핌을 받는 장면은 노인남성의 진실하고 깊은 사랑을 드러내기 위한 장치로 이용되고 있다.

2) 가부장제의 이중성규범과 노인여성의 성

(1) 남편의 외도에 대한 관용적 태도

〈환상의 그대〉는 "때론 신경안정제보다 환상이 필요하다"고 표현하면서 예기치 않은 이혼이 노인여성의 삶에 부정적인 영향을 미친다는 사실을 보여준다. 아내 헬레나는 황혼이혼의 충격을 점성술사의 위로를 통해 극복한다. 남편 알피는 젊고 매력적인 아내와 재혼하지만 젊은 아내는 쇼핑을 좋아해서 알피의 재산을 탕진한다. 알피는 자신의 과오를 인정하고 전 부인과 재결합하기 원한다. 영화에서는 알피가 나이듦을 수용하지 못하고 젊음에 집착하는 것에 대해 연민 어린 시선을 견지한다. 하지만 그가 직면하는 불행한 현실은 아내에게 상처를 주고 젊은 여성을 욕망했기 때문이다. 그럼에도 불구하고, 알피의 행동은 쉽게 용서받는다. 반면에, 아내 헬레나가 이혼의 상처를 극복하고 보상을 받는 것은 남편의 배신에도 불구하고 '정숙한 여성'으로서 인내했기 때문이다. 그녀는 남편의 배신으로 고통을 겪었지만, 남편으로부터 함께 살았을 때가 행복했다는 고백을 듣고 남편보다 멋진 남자친구와 결혼을 약속한다.

영화 속에서 아내는 남편의 외도에도 불구하고 변함없이 남편을 사랑하거나 고통을 감수하는 존재다. 또한 영화는 남편의 외도에 대해서 관용적인 사회적 분위기를 반영한다. 즉, 남편이 잘못을 뉘우치고 용서를 구하면 언제든지 아내에게 돌아갈 수 있다는 성별화된 관계를 보여준다. 남편의 이기적인 행동은 아내의 희생을 담보하면서 불균등한 가부장제의 성규범을 드러낸다.

(2) 연하남에 대한 금기된 욕망과 사회적 제재

프로이트(Freud)는, 남성의 사랑을 대상애, 여성의 사랑을 나르시시즘으로 정의한다(조현순, 2005). 즉, 여성들은 남성에게 사랑받는 자신을 사랑한다는 것이다. 하지만 영화에서 노인여성들은 수동적이고 고통을 인내하는 여성성을 위반하고 적극적으로 애정을 표현한다. 〈러블리, 스틸〉에서는 앞집의 노인여성 메리가 한번도 연애를 하지 못한 순진한 노인남성 로버트에게 적극적으로 데이트를 신청한다. 메리의 등장은 성실하게 살아가는 로버트의 단조로운 일상을 변화시킨다. 하지만 노인여성의 불안한 표정은 착한 노인남성의 삶을 위협하고 긴장감을 자아낸다.

한편, 영화 속에서 남성들이 나이 어린 여성과 연애하는 것은 관용적이지만, 여성들이 연하남과 연애하는 것은 특별하게 해석된다. 〈환상의 그대〉에서 알피는 젊은 여자와 살고 싶고 아들을 갖고 싶다고 하면서 나이든 아내에게 이혼을 요구한다. 알피는 젊은 아내와 재혼하고 연령 차를 극복하기 위해 비아그라를 먹고 열심히 운동한다. 그러나 아내는 알피를 배반하고 젊은 남성과 외도하고 아이까지 임신한다. 또한 〈사랑 후에 남겨진 것들〉에서 루디는 아내와 사별하고 성매매 여성들에게 위로를 받으려고 하거나 거리에서 가부키공연을 하는 소녀와 우정을 나눈다. 이와 같이, 노인남성들은 돈을 목적으로 접근하는 젊은 여성을 경계하지만, 돈과 권력을 통해 젊은 여성의 몸에 쉽게 접근한다.

반면에, 영화 속에서 나이든 여성이 연하남을 욕망할 때에는 사회적 제재를 받는다. 〈세상의 모든 계절〉에서 중년의 이혼녀인 메리(레슬리 맨빌 분)와 〈애정 만세: 산정호수의 맛〉의 순임(서주희 분)은 젊은 남성에게 관심을 갖는다. 이들은 정서적으로 불안하고 괴기스럽고 위험한 여성으로 표현된다. 이것은 사회가 여성들의 욕망을 허용하지 않는 현실을 반영하고 있다. 〈세상의 모든 계절〉의 메리는 커피숍에서 친구 제리와 차를 마시다가 멋진 나이든 남성을 발견한다. 그녀는 노신사와 낭만적인 사랑을 기대하지만, 그는 아름답고 젊은 여자친구를 기다리고 있다. 영화는 노인남성이 젊은 여성과 연애할 수 있지만, 나이든 여성에게 이러한 욕망이 허용되지 않는 현실을 반영하고 있다. 또한 메리는 이혼남 켄(피터 와잇 분)의 구애 때문에 불편함을 느끼지만, 주위 사람들은 그녀의 의사와 상관없이 두 사람을 연결시키려고 한다. 더욱이 메리가 친구 제리의 아들에게 욕망을 드러내자, 제리의 가족은 메리와 절교 직전에 이른다. 또한 〈애정 만세: 산정호수의 맛〉에서 순임(서주희 분)은 회사의 야유회에서 친절을 베풀었던 연하남에게 오랜만에 따뜻한 감정을 갖지만, 연하남은 순임을 부담스러워한다. 하지만 순임이 연하남에게 전화하는 것처럼 혼자 수다를 떨거나 추억의 장소인 산정호수를 혼자 찾아가서 자위를 하는 장면은 나이든 여성의 욕망을 추하고 공포스럽게 재현한다. 나이든 여성들이 연하남에 대한 욕망을 표현하는 행동은, 남성을 기다리는 여성적인 역할을 위반하고 남성의 주체성을 위협하는 것이다.

게일 루빈(Rubin, 1984)에 따르면, 연령차가 많이 나는 사람 간의 사랑, 즉 세대 간의 사랑은 비정상적이고 보편적이지 않은 나쁜 성으로 자리매김된다. 더 나아가 영화에 재현된 세대 간의 사랑에서는 성별화된 특성이 발견된다. 나이든 남성이 젊은 여성과 연애하고 결혼하는 것은 사회적으로 관용되고 있지만, 나이든 여성이 연하남을 욕망하는 것은 금기와 처벌의 대상이 된다. 이러한 맥락에서 나이든 여성들은 위험한 여성으로 재현된다. 그럼에도 영화 속 여성들은 이러한 제재를 넘어서서 성적 욕망을 표현하고 있었다.

(3) 피해자를 넘어서서: 성적 행위자로서 노인여성

영화 속에서 노인남성들은 성적 욕망을 노골적으로 드러내지만, 노인여성들은 남성들의 성적 욕망에 소극적이고 수동적으로 반응한다. 즉, 가부장제의 성규범은 여성의 성적 표현을 제한하고 성역할을 반영하고 있다. 〈죽어도 좋아〉는 이러한 예가 된다. 노인커플의 성에서 남성(박치규 분)은 신음소리와 감탄사를 연발하며 '좋다'고 이야기하는 반면, 여성(이순예 분)은 소극적이고 수동적인 태도를 보인다. 또한 여성은 남성의 친절하지 않은 태도 때문에 상처받고, 남성은 토라진 여성을 아이를 다루듯이 달랜다. 한편, 〈시〉에서 미자는 노인남성(김희라 분)을 간병하면서 생계를 유지한다. 노인남성은 비아그라를 먹으면서 "죽기 전에 한 번만이라도 좋으니 젊었을 때처럼 (성관계를) 하고 싶다"고 말하면서 성적으로 접근한다. 이러한 상황은 여성간병인이 노동의 과정에서 성폭력을 감수하는 현실을 반영한다. 미자는 성적 제의를 거절하지만 결국 그에 대한 연민으로 성행위를 허락한다. 영화에서 노인여성은 성적으로 무지한 존재, 피해자로 재현된다. 미자가 손자의 처벌을 면하기 위해 돈을 빌리는 행위는 사회구조에 취약한 노인여성의 현실을 보여준다. 그러나 영화에 재현된 미자의 삶은 굴곡 많은 인생과 함께 순수/오염의 균열과 봉합을 은폐하고 있다. 또한 미자가 노인남성의 성적 제의를 거절하거나 돈을 빌리는 행위는 피해를 넘어서서 주체적인 선택으로 해석될 수 있다.

영화에서 노인여성들은 이성애 관계에서 독립적이고 주체적으로 성에 관해 결정한다. 나이든 여성들은 남성에게 정서적으로 의존하지 않고 독립적으로 의사결정을 한다. 〈코파카바나〉에서 바부(이자벨 위페르 분)는 남성들과 친하게 지내고 경제적으로 도움을 얻기도 한다. 그러나 바부는 상대방이 요구한다고 해서 성관계를 맺지 않고 자신의 감정에 충실하다. 또한 그녀는 성관계를 결혼과 연결 지어 해석하거나 한 남성에 대한 종속으로 해석하지 않는다. 그래서 바부는 딸의 결혼식 이후에 무용단을 만들어 순회공연을 떠난다. 그녀의 선택은, 가족에 얽매여 노년기를 헌신하기보다 자유로운 삶을 살고 싶어 하는 여성들의 환상을 보여준다.

　또한 영화에서 여성들이 적극적으로 행동할 때 남성들은 불편한 심정을 표현한다. 〈톨스토이의 마지막 인생〉과 〈애정 만세: 산정호수의 맛〉에서 나이든 여성들의 성적 욕망은 남성들을 타자화·대상화하면서 남성들의 삶과 안전을 위협하는 것으로 해석된다. 〈애정 만세〉에서 연하남은 순임에게 호의를 표현하면서 순임의 마음을 흔들어놓은 후에 순임의 적극적인 태도를 부담스러워한다. 〈톨스토이의 마지막 인생〉에서 아내 안나(헬렌 밀렌 분)는 열정적으로 사랑하고 싶어 하지만, 남편 톨스토이는 자신의 이상과 신념에 따라 금욕생활을 하면서 노년기를 조용히 보내고 싶어 한다. 영화는 안나가 남편의 고귀한 삶을 방해하는 악녀라는 관점에서 벗어나서 인간의 삶을 왜곡하는 이성/감정의 이분법과 금욕주의를 비판하고 있다.

　한편, 영화 속에서 사랑을 적극적으로 표현하는 나이든 여성들이 아름다운 외모를 소유한 것만은 아니다. 이 여성들은 가부장제의 미의 기준에서 벗어나 있지만 자신의 성적 욕망에 충실한 태도를 보이면서 기존의 여성성을 위반한다. 〈우리도 사랑한다〉의 잉에(우루슬라 베르너 분)나 〈하비의 마지막 로맨스〉의 여주인공 케이트의 엄마(아일린 앳킨스 분)는 평범한 외모를 소유한 노인여성들이다. 잉에는 남편(호르스테 레흐베르그 분)에게 "아직 60살인데 이렇게 죽은 것처럼 살기는 싫다"고 욕망을 솔직하게 표현한다. 하지만 남편은 아내를 이해하지 못한다. 결국 잉에는 다른 남성 베르너(호르스테 베스트팔 분)를 사랑하게 되어 집을 떠난다. 남편은 충격을 받아 자살하고 잉에의 사랑은 위기에 처한다. 그럼에도 불구하고, 잉에는 자신의 선택을 후회하지 않는다.

〈하비의 마지막 로맨스〉에서 케이트의 엄마는 남성에 대한 관음적 욕망을 드러낸다. 그녀는 이층 창 너머에서 젊은 이웃 남자가 웃통을 벗고 장작 패는 모습을 지켜본다. 영화에서 관음적 욕망은 남성들이 여성들의 몸을 들여다보는 쾌락으로, 여성들에게는 허락되지 않았다. 멀비는 시각적 쾌락에 대해 다음과 같이 설명한다. 시각적 쾌락은 시각에 의해 타자를 바라보며 성적 만족을 느끼는 것이지만, 여성들은 관음증이 아니라 노출증을 통해 남성의 시선을 사로잡음으로써 수동적으로 쾌락을 느낀다고 설명했다(멀비, 1993: 55-57). 또한 이 영화에서는 〈톨스토이의 마지막 인생〉이나 〈애정 만세〉와 같은 영화들과 다르게, 노인여성이 젊은 남성을 욕망하는 것을 자연스럽게 표현하고 있다. 또한 젊은 남성은 이러한 관심과 배려에 호감을 표시하면서 노인여성의 욕망을 긍정적으로 해석하고 있다.

(4) 낭만적 사랑의 각본과 집의 재구성

영화에서 여성 관객들은 남성 주인공의 사랑을 받고 구원을 받는 여주인공과 동일시함으로써 나르시시즘을 충족한다. 여성주의 문학 비평은 여주인공이 남성의 구원을 기다리는 서사 구조, 낭만적 사랑과 결혼의 각본에서 자유롭지 못한 점을 비판해왔다(모리스, 1997; 베임, 2004; 펠스키, 2010b). 영화에서 독신, 사별 노인여성은 아내의 성규범에 얽매이지 않고 성적 욕망을 적극적으로 표현한다. 〈레터스 투 줄리엣〉에서 사별여성인 클레어(바네사 레드그레이브 분)는 첫사랑 로렌조(프랑코 네로 분)를 만나기 위해 이탈리아의 방방곡곡을 돌아다닌다. 클레어가 첫사랑을 찾아가는 행위는 여성의 역할을 위반하면서 적극적인 성적 행위자로서 여성을 보여준다. 이러한 노인여성의 행동은 〈그대를 사랑합니다〉에서 송이뿐이 고향 집에서 김만석을 기다리는 모습, 즉 안식처로서 여성과 대비된다. 클레어가 로렌조의 농장을 찾아가서 조우하는 장면은, 남성이 자연, 시원의 상태에서 여성을 맞이함으로써 성역할이 전도되는 양상을 제시한다. 하지만 이 영화는 클레어가 첫사랑과 해우하고 '결혼'이라는 행복한 결말을 맺음으로써 낭만적 사랑의 각본에서 자유롭지 못하다.

〈아이 엠 러브〉의 엠마(틸다 스윈튼 분)와 〈경축 우리 사랑〉의 봉순(김해숙 분)은 중·노년기 여성들로서 연하남을 사랑하면서 삶의 활기를 찾는다. 엠마는 이탈리아 밀라노의 상류층 재벌가문인 레키가의 며느리와 결혼을 앞둔 자녀들의 어머니로서 안정된 삶을 살아가지만, 상류층의 허례허식과 모순에 대해 회의한다. 그녀는 우연히 요리사로 일하는 아들의 친구와 요리에 대해 이야기하면서 삶의 변화를 경험한다. 멋진 저택의 침실에서 남편의 요구에 부응하는 무미건조한 성관계와 뜨거운 햇볕 아래 풀밭에서 이뤄지는 젊은 애인과의 정사는 나이든 여성의 몸을 통해 느리고 섬세하게 표현된다. 엠마의 사랑은 아들의 죽음을 통해 모성과 충돌하지만, 엠마는 자신의 욕망에 충실함으로써 안정된 삶을 버리고 집을 나간다. 그럼에도 엠마의 주체적인 행동은 연하남과 행복한 미래를 꿈꾸기 때문에 낭만적 사랑의 한계를 넘어서지 못한다. 또한 엠마는 나이가 들었어도 가부장제의 시선에서 아름다운 여성으로서, 성행위도 아름다운 여성의 몸을 대상화하는 카메라의 관음적 시선에서 재현되고 있다.

반면에 봉순은 아름다운 여성이 아닌 평범한 외모의 소유자다. 더구나 그녀는 사랑을 위해 집을 떠나지 않는다. 대신에 봉순은 자신의 집을 변화시킨다. 그녀는 남편, 애인, 아이와 함께 살면서 새로운 가족을 구성한다. 김미영(2010)은 봉순이 모성을 기반으로 새로운 가족을 만들고 마을을 변화시키는 점에 착안하면서 "여성의 몸은 욕망이 좌절된 공간이 아니라 자신의 삶을 적극적으로 창조하는 공간"이라고 규정한다. 이러한 해결방식은 일부일처제에 기반을 둔 낭만적 사랑과 결혼의 각본에서 벗어나서 가부장제의 성규범을 재구성하는 대안적인 공간을 구성한다.

한편, 〈라벤더의 연인들〉은, 노인여성에게 사랑하는 감정이 그 사람을 성장시키고 삶의 원동력이 되고 있음을 보여준다. 우술라(주디 덴치 분)는 연령차가 많이 나는 연하남을 사랑하면서 이루어질 수 없는 사랑 때문에 고민에 빠진다. 그럼에도 그녀는 자신의 감정을 충실하게 표현하면서 사랑이 소유가 아니라 교감의 과정임을 보여준다.

영화 속에서 노인여성들은 양육, 재생산 등의 역할에서 자유로운 맥락에 놓여 있지만, 젊은 여성과 마찬가지로 낭만적 사랑과 결혼의 각본에 구속되어 있다. 하지만 이들은 아내, 어머니의 역할에 순응하면서도 가부장제의 성규범에 저항한다. 노인여성들은 수동적으로 기다리는 존재가 아니라 적극적으로 사랑을 찾아가서 자신의 감정을 표현한다. 이와 같이 영화 속의 여성들은 노년기에 낭만적 사랑과 결혼의 각본이나 아름다운 노인여성의 이미지의 한계를 넘어서서 성적 상상력의 공간을 확장하고 있다.

(5) 이타적이고 성숙한 사랑: 존중과 배려

영화 속에서 남편의 사랑은 아내에 대한 애착과 함께 의존성을 보여준다. 이러한 사랑은 미성숙하고 평등하지 못한 관계를 함축한다. 하지만 노인여성들은 아내에게 의존하는 남성보다 자신을 보살피고 배려하는 남성을 선망한다. 〈마마 고고〉에서 고고(크리스트보그 켈드 분)는 치매에 걸려 요양원에서 생활하면서 곤경에 처한다. 그때마다 죽은 남편(군나르 이율프손 분)의 환영이 나타나서 고고를 도와준다. 노인여성의 환상 속에 그려지는 남편의 모습은 보호자라는 남편의 성역할에 충실하면서도 아내를 세심하게 보살피고 있다. 또한 고고가 상상하는 남편과의 성행위는 아름다운 노인의 성으로 제시된다. 고고가 죽은 이후 노부부는 재회하고 두 사람이 함께 살던 옛집에서 사랑을 나눈다. 이 장면은 행복했던 부부의 젊은 시절을 회상하는 장면과 겹치면서 성을 통한 정서적 교감과 일체감이 얼마나 아름다운지 보여준다. 노인여성의 환상에 반영되는 노부부의 성과 사랑은 관계성을 중시하고 상대방에 대한 배려와 존중을 내포한다.

그러나 영화 속에서 노인여성들은 사랑하는 남성과의 관계를 가장 중요한 가치로 삼지 않는다. 여성들의 사랑은 남성뿐 아니라 자매애, 모성, 도움이 필요한 생명과의 관계 내에서 작동한다. 〈라벤더의 연인들〉에서 자매는 청년을 사이에 두고 경쟁하지만, 언니 자넷(매기 스미스 분)은 여동생이 한 번도 사랑해 본 적이 없다는 사실을 연민하고 양보한다. 언니는 남성과의 사랑만큼 여동생과의 관계, 즉 자매애를 중시하고 있다. 또한 영화 속에서 모성에 기반을 둔 손자녀와의 관계는 노인여성의 삶의 기쁨으로 제시된다. 〈시〉에서 미자(윤정희 분)는 딸을 대신해서 노인을 간병하면서 생계를 이어가지만 손자에 대한 사랑으로 힘을 얻는다. 또한 〈토일렛〉에서 할머니(모타이 마사코 분)는 딸의 죽음 이후 손자녀의 친구가 되어 이들의 문제를 해결해준다.

더 나아가 노인여성들의 사랑은 혈연관계, 가족에 국한되지 않고 모든 생명으로 확장된다. 〈수영장〉에서 기쿠코(모타이 마사코 분)는 태국에서 게스트하우스를 경영하면서 부모 없는 소년을 돌보는 한편, 눈에 띄는 유기동물들을 집으로 데려와서 하나둘씩 보살핀다. 이 여성은 불치병에 걸렸지만 병원에서 치료를 받으면서 죽기보다 도움이 필요한 아이와 동물들을 보살피면서 살다가 죽고 싶어 한다. 또한 〈코파카바나〉에서 바부는 당당한 엄마가 되기 위해 프랑스에서 벨기에로 가서 보험설계사가 된다. 그녀는 좋은 실적을 거두지만, 한겨울에 노숙하는 젊은 부부를 외면하지 못해 숙소의 열쇠를 내준다. 이러한 행동은 회사의 규칙을 어긴 것으로 해고의 사유가 된다. 그녀는 회사의 빈 숙소를 위험인물에게 내어줌으로써 관리의 책임을 소홀히 했기 때문이다. 그러나 그녀의 행동은 비합리적인 것이 아니라, 비어 있는 방을 노숙하는 사람들과 공유함으로써 타자에 대한 연민과 배려에 기초한 것이다. 영화 속에서 노인여성은 성역할 규범하에서 남편과 자녀에게 인내하고 희생하면서 사랑을 베풀어야 했으므로 이들의 보살핌은 억압적이고 가족이기주의 안에서 배타적으로 작동한다. 그럼에도 영화 속에서 여성들은 타자를 지배, 소유, 의존하는 것에서 벗어나서 도움이 필요한 생명을 돌보는 이타적이고 성숙한 사랑의 방식을 제안하고 있다. 이러한 사랑은 타자를 이용하는 것이 아니라 타자의 요구에 귀 기울이는 자세를 보여준다.

4. 노인여성에 관한 성 연구의 방향

이 글은 노인 성담론의 남성중심성에 문제를 제기하면서 여성의 경험과 위치에서 노인의 성과 사랑을 논의했다. 영화에 재현된 노인여성의 성적 욕망, 관계, 권력 등을 분석하는 것은 노인의 성에 담긴 성차별과 폭력 등을 시정하고 노인여성의 성에 대한 방향을 제시하고 대안적인 성을 탐색하기 위한 것이다.

영화 속에서 노인의 사랑은 제한된 시간과 사별이라는 특수한 상황을 반영한다. 그러나 노인들에게 사랑만이 유일한 구원이라는 논리는 사회에 만연한 노인차별을 역설적으로 드러낸다. 이러한 측면에서 노부부의 친밀감이나 노인의 사랑을 강조하는 것이 노인에 관한 무관심을 은폐하는 것은 아닌지 비판되어야 한다. 아울러 영화 속에서 노부부는 '평생 동반자'라는 환상 속에서 성별분업의 폐해를 드러내고 있었다. 남편은 아내에 대한 의존도가 높기 때문에 사별 이후 일상생활에 적응하지 못했다. 영화에서 이러한 남편의 행동을 '사랑'으로 해석하는 맥락에 대해서는 남녀 간의 평등하고 성숙한 사랑을 재고하게 한다. 또한 아픈 아내를 보살피는 남편의 사랑은 높이 평가되면서도 남편을 보살피는 여성의 행위가 성역할로서 해석되는 것은 여성의 헌신을 강조함으로써 노부부 관계에서 성별화된 맥락을 보여주었다. 노인의 사랑에서도 여성은 주기만 하고 받지는 못하는 사랑의 존재로 재현되었고, 낭만적 사랑과 결혼의 각본에서 자유롭지 못했다.

한편 영화에서 노인남성의 성에 대해서는 관용적이고 연민의 시선을 보이면서도, 노인여성들은 가부장제의 성규범에 순응하는 피해자, 성적으로 수동적인 존재로 재현되었다. 이러한 여성들의 모습은 현실을 반영하고 있다고 할 수 있다. 그럼에도 몇몇 영화에서 노인여성들은 여성성을 위반하고 자신의 성적 욕망에 충실하면서 성규범에 저항하고 적극적인 성적 실천을 보여주었다. 이들은 연하남을 욕망함으로써 사회적 제재를 받고 남성들의 주체성을 위협함으로써 위험한 여성으로 낙인찍혔지만, 이러한 과정에서 노인여성의 욕망은 가시화되었고 노인여성은 성적 존재로서 자리매김되었다.

영화 속에서 노인여성은 가부장제의 성규범을 변화시키면서 대안적인 공간을 구성하고 있었다. 첫째, 노인여성의 성과 사랑은 남성에게 의존적이거나 고통에 대한 인내나 희생, 헌신 등의 여성성 안에서만 작동하는 것이 아니었다. 노인여성들은 성과 사랑에서 독립적이고 주체적으로 결정을 하면서 평등한 관계를 형성하고자 했다. 둘째, 노인여성들은 부부관계의 친밀감, 이성애 관계를 넘어서서 다양한 관계에서 사랑을 실천하고 있었다. 또한 이러한 사랑은 여성들의 노년의 삶에 생기를 불어넣어 주고 인격 성장의 기회를 제공한다. 셋째, 노인여성들은 성과 사랑에서 존중과 배려를 보여주었다. 노인여성들은 미성숙하고 의존적인 사랑이 아니라, 도움이 필요한 존재를 보살피고 상대의 요구에 민감하게 반응하는 성숙하고 이타적인 사랑을 제시하고 있었다.

영화에 재현된 노인여성의 적극적이고 능동적인 성적 행위성은 실제 여성들의 삶과 괴리가 있거나 소수의 여성의 삶을 반영할 수 있다. 그러나 이러한 영화들은 노인여성의 숨겨진 욕망을 반영함으로써 성적 실천의 사례를 제안하고 있다. 노인의 성이 지배 성담론의 편입이나 젊음의 성에 대한 모방을 넘어서서 성찰성을 확보하기 위해서는 남성중심성을 극복해야 한다. 영화에서 제시하는 성은 삽입성교를 유일한 성으로 해석하거나 주체의 쾌락을 위해 타자를 대상화하지 않는다. 또한 노인여성들이 욕망하는 남성은 의존적이거나 지배적인 관계에 있는 것이 아니라 평등하고 배려와 상호작용, 교감을 중시하는 관계 속에서 표현된다. 이러한 분석자료들은 성적 상상력을 제공함으로써 가부장제하에서 억압된 노인여성들의 몸의 경험을 변화시킬 수 있는 데에 기여한다. 또한 이것은 남성들의 욕망을 노년기에 단순히 연장하는 남성중심적인 노인 성담론의 한계를 비판하는 한편, 사회의 성문화를 변화시키는 데에 기여할 수 있다. 이러한 측면에서 노인여성의 위치에서 이들의 욕망과 성적 실천을 다양하게 제안하고 기존의 성담론을 변화시킬 수 있는 영화들이 제작될 필요성이 있다.

이 글은 영화에 재현된 노인여성의 성과 사랑을 분석해냈다. 이 글은 남성중심적인 노인 성담론을 비판하고 노인여성의 위치에서 대안적인 성적 공간의 가능성을 탐색하는 데에 치중함으로써 현실에서 노인여성들이 어떠한 성적 욕망과 실천을 보여주고 있는지 그 간극을 정교하게 비교하지 못했다. 따라서 후속 연구에서는 여기서 제안된 내용을 반영하면서 노인여성들의 경험을 통해 이들의 현실을 복합적이고 역동적인 맥락에서 설명해낼 수 있는 성 연구들이 생산되기를 기대한다.

참고문헌

기든스, 앤서니(1996), 『현대 사회의 성, 사랑, 에로티시즘: 친밀성의 구조변동』, 배은경·황정미(역), 서울: 새물결(Giddens, Anthony, *Transformation of Intimacy*, Cambridge, UK: Polity Press, 1992).

길버트, 샌드라(2004), 「페미니스트 비평가가 바라는 것은 무엇인가?: 화산에서 보낸 엽서」, 쇼월터, 일레인 편(2004), 『페미니스트 비평과 여성문학』, 신경숙·홍한별·변용란(역), 서울: 이화여대출판부(Gilbert, Sandra(1985), "What Do Feminist Critics Want? A Postcard from the Volcano", Showalter, Elaine(ed.), *The New Feminist Criticism: Essays on Women, Literature, and Theory*, New York: Pantheon, 1985).

김미영(2010), 「외도를 통해 본 여성의 몸: '밀애'와 '경축 우리 사랑!'을 중심으로」, 『국어문학』, 제49집, 155-173쪽.

김연순(2005), 「생애사를 통해 본 여성노인의 섹슈얼리티」, 『여성건강』, 제6권 2호, 121-146쪽.

김윤정(2003), 「노인의 성에 대한 인식과 성생활에 관한 탐색적 연구」, 『한국가정관리학회』, 제21권 5호, 133-143쪽.

김은옥(2007), 「노인의 성에 대한 지식 및 태도와 욕구와의 관계에 관한 연구」, 서울시립대학교 대학원 사회복지학과 석사학위청구논문(미간행).

김정은(2004), 「노인의 성의식과 성매매 특성에 관한 연구」, 이화여대 대학원 사회학과 석사학위청구논문(미간행).

나동석·김영대(2011). 「노인의 성생활과 성태도가 삶의 만족도에 미치는 영향」, 『노인복지연구』, 제52호, 185-204쪽.

나임순(2005), 「여성노인의 성지식 및 성태도가 성욕구 대처행동에 미치는 영향에 관한 연구」, 『노인복지연구』, 제30호, 215-236쪽.

노스럽, 크리스티안(2002), 『폐경기의 여성의 몸과 지혜』, 이상춘(역), 서울: 한문화(Northrup, Christian, *The Wisdom of Menopause*, New York: Bantam Doubleday Dell Pub, 2001).

로우, 존·로버트 칸(2005), 『성공적인 노화』, 최혜경·권유경(역), 서울: 학지사(Rowe, John W. and Robert Louis Kahn, *Successful Aging*, New York: Dell Publish, 1999).

멀비, 로라, 「시각적 쾌락과 내러티브 영화」, 서인숙(역), 유지나·변재란(편)(1993), 『페미니즘/영화/여성』, 서울: 여성사(Mulvey, Laura, "Visual Pleasure and Narrative Cinema", *Screen 16.3*, Autumn 1975, pp.6-18).

모리스, 팸(1997), 『문학과 페미니즘』, 강희원(역), 서울: 문예출판사(Morris, Pam, *Literature and Feminism: an Introduction*, Oxford, UK; Cambridge, Mass.: Blackwell, 1993).

방영숙·남기민(2009), 「노인의 성태도와 성욕구 대처행동이 주관적 행복감에 미치는 영향」, 『노인복지연구』, 제46호, 215-238쪽.

베임, 니나(2004), 「갇힌 남성성의 멜로드라마: 미국 소설 이론에서 여성 작가는 어떻게 배제되었는가」, 쇼왈터, 일레인 편, 『페미니스트 비평과 여성문학』, 신경숙·홍한별·변용란(역), 서울: 이화여대출판부(Baym, Nina, "Melodramas of Beast Manhood: How Theories of American Fiction Exclude Women Authors", Showalter, Elaine(ed.), *The New Feminist Criticism: Essays on Women, Literature, and Theory*, New York: Pantheon, 1985).

벡, 울리히·엘리자베스 게른하임, 울리히(1999), 『사랑은 지독한, 그러나 너무나 정상적인 혼란』, 강수영·권기돈·배은경(공역), 서울: 새물결(Ulrich Beck and Elisabeth Beck-Gernsheim, The Normal Chaos of love, Ritter, Mark and Jane Wiebel(trans.), Cambridge, UK: Cambridge, MA, USA: Polity Press: Blackwell, 1995).

보부아르, 시몬느 드(1994), 『노년』, 홍상희·박혜영(역), 서울: 책세상(Beauvoir, Simone de, *La Vieillesse*, Paris: Gallimard, 1970).

슐래퍼, 한네로레(2005), 『노년의 미학』, 김선형(역), 마산: 경남대 출판부(Schlaffer, Hannelore, *Alter: ein Traum von Jugend*, Berlin: Suhrkamp Verlag KG, 2003).

안태윤 외(2011), 「노인의 성생활 실태와 정책지원방향 연구」, 『정책보고서』, 2011-13, 경기도가족여성연구원.

양연심(2008), 「노인의 성의식이 삶의 만족도에 미치는 영향」, 제주대학교
　　교육대학원 석사학위청구논문(미간행).

양옥남・김혜경・김미숙・정순둘(2006), 『노인복지론』, 서울: 공동체.

이경희・윤가현(2006), 「홀로된 여성노인의 성」, 『한국노년학』, 제15호,
　　105-131쪽.

이동옥(2007), 「여성환자의 안락사에 관한 연구」, 『여성학논집』, 제23권 2
　　호, 77-107쪽.

이동옥(2010), 「한국 노인 성담론의 여성주의적 고찰」, 『한국여성학』, 제
　　25호, 41-73쪽.

이영균・성경원(2005), 「노년기 성교육에 관한 실태분석」, 『노인복지연구』,
　　제28호, 95-316쪽.

이현심・김승용(2009), 「노년기 남성의 성생활에 관한 질적 연구」, 『노인
　　복지연구』, 제45호, 207-234쪽.

이형세(2007), 「노인의 성범죄에 관한 연구」, 연세대학교 행정대학원 석사
　　학위청구논문(미간행).

장필화(1999), 『여성, 몸, 성』, 서울: 또하나의문화.

조영미(1994), 「한국페미니즘 성 연구의 현황과 전망」, 한국성폭력상담소
　　편, 『섹슈얼리티 강의』, 서울: 동녘.

조옥라(2001), 「한국사회에서 나이듦, 그리고 여성의 나이」, 또하나의문화
　　동인 편, 『여성의 몸 여성의 나이』, 서울: 또하나의문화, 21-32쪽.

조임현(2011). 「노인의 성 인식에 관한 탐색적 연구」. 『노인복지연구』, 제
　　52호, 391-418쪽.

조현순(2005), 「여성성과 젠더정체성」, 한국여성연구소 편, 『새 여성학 강
　　의』, 서울: 동녘, 93-120쪽.

퀴네, 토마스(2001), 『남성의 역사』, 조경식・박은주(역), 서울: 솔(Kuehne,
　　Thomas, *Maennergeschichte-Geschlechtergeschichte: Maennlichkeit im Wandel
　　der Moderne*, Frankfurt: Campus Verlag Gmbh, 1996).

타브리스, 캐롤(1999), 『여성과 남성이 다르지도 똑같지도 않은 이유』, 히
　　스테리아(역), 서울: 또하나의문화(Tavris, Carol, *The Mismeasure of
　　Woman*, New York: Simon & Schuster, 1992).

펠스키, 리타(2010a), 『근대성의 젠더』, 김영찬・심진경 공역, 서울: 자음

과모음(Felski, Rita, *Gender of Modernity,* Cambridge, Mass.: Harvard University Press, 1995).

펠스키, 리타(2010b), 『페미니즘 이후의 문학』, 이은경(역), 서울: 여이연 (Felski, Rita, *Literature After Feminism,* Chicago: University of Chicago Press, 2003).

하버드, 루스(1999), 『생명과학에 대한 여성학적 비판』, 김미숙(역), 서울: 이화여자대학교 출판부(Hubbard, Ruth, *Politics of Women's Biology,* New Brunswick, [N. J.]: Rutgers University Press, 1990).

Banner, L. W.(1992), *In Full Flower: Aging Women, Power, and Sexuality: A History,* New York: Alfred A. Knopf.

Copper, Baba(1988), *Over the Hill: Reflection on Ageism between Women,* Freedom. Calif.: The Crossing Press.

Cristofovici, Anca(1999), "Touching Surfaces, Photography, Aging, and an Aesthetics of Changes", Woodward, Kathleen(ed.), *Figuring Age: Women, Bodiesm, Generation.* Bloomington, Ind.: Indiana University Press.

Frueh, J.(1997). "Visible Difference: Women Artists and Aging", Pearsall, M. (ed.), *The Other within Us: Feminist Explorations of Women and Aging,* Boulder, Colo.: Westview Press, pp.197-220.

Lorde, Audre(1984), "Uses of the Erotic: the Erotic as Power", *Sister Outsider: Essays and Speeches,* Trumansburg, NY: Crossing Press.

Pasquier, Marie-Claire(1999), "The Well of Wisdom", Woodward, Kathleen(ed.), *Figuring Age: Women, Bodies, Generation,* Bloomington, Ind.: Indiana University Press.

Reinharz, Shulamit(1997), "Friends or Foes: Gerontological and Feminist Theory", Pearsall, Marilyn(ed.), *The Other within Us: Feminist Explorations of Women and Aging,* Boulder, Colo.: Westview Press.

Rubin, Gale(1984), "Thinking Sex: Notes for a Radical Theory of the Politics of Sexuality", Vance, Carole S.(ed.), *Pleasure and Danger: Exploring Female Sexuality,* Boston: Routledge & Kegan, Paul, pp.267-319.

Thone, R.(1992). *Women and Aging: Celebrating Ourselves,* New York: Harrington Park Press.

시청각 자료

박진표 감독(2002), <죽어도 좋아>, 한국, 67분.

오점균 감독(2008), <경축! 우리 사랑>, 한국, 100분.

임순례 감독(2009), <날아라 펭귄>, 한국, 110분.

이창동 감독(2010), <시>, 한국, 139분.

부지영 감독(2011), <애정 만세: 산정호수의 맛>, 한국, 80분.

추창민 감독(2011), <그대를 사랑합니다>, 한국, 118분.

댄스, 찰스 감독(2008), <라벤더의 연인들>, 영국, 103분(Dance, Charles, "Ladies In Lavender").

드레센, 안드레아 감독(2008), <우리도 사랑한다>, 독일, 98분(Dresen, Andreas, "Cloud 9")

폴리, 사라 감독(2008), <어웨이 프롬 허>, 캐나다, 100분(Polley, Sarah, "Away from Her").

되리, 도리스 감독(2009), <사랑 후에 남겨진 것들>, 독일, 127분(Dorrie, Dörrie, "Cherry Blossoms-Hanami").

호프먼, 마이클 감독(2009), <톨스토이의 마지막 인생>, 독일·영국·러시아·미국, 112분(Michael Hoffman, "The Last Station").

오기가미 나오코 감독(2010), <토일렛>, 일본, 109분(Ogigami, Naoko, "Toilet").

위닉, 게리 감독(2010), <레터스 투 줄리엣>, 미국, 105분(Winick, Gary, "Letters to Juliet").

홉킨스, 조엘 감독(2010), <하비의 마지막 로맨스>, 미국, 92분(Hopkins, Joel, "Last Chance Harvey").

구아디아노, 루카 감독(2011), <아이 엠 러브>, 이탈리아, 120분(Guadagnino, Luca, "I Am Love").

리, 마이크 감독(2011), <세상의 모든 계절>, 영국, 129분(Leigh, Mike, "Another Year").

알렌, 우디 감독(2011), <환상의 그대>, 미국, 98분(Allen, Woody, "You Will Meet a Tall Dark Stranger").

오오모리 미카 감독(2011), <수영장>, 일본, 96분(Oomori, Mika, "Pool").

패클러, 니콜라스 감독(2011). <러블리, 스틸>, 미국, 90분(Fackler, Nicholas, "Lovely Steal").

프리드릭슨, 프리드릭 토르 감독(2011), <마마 고고>, 아이슬란드, 90분 (Fridriksson, Fridrik Thor, "Mama Gogo").

피투시, 마르크 감독(2011), <코파카바나>, 프랑스, 107분(Fitoussi, Marc, "Copacabana").

V
. . .
노인여성과 의존자의 지위[1]

노인여성은 성별분업의 구도하에서 생계부양자의 지위를
얻지 못하거나 노동시장의 성차별을 감당해야 했으므로
보살핌에서 취약한 상황에 놓여 있다.

1. 생산중심 사회에서 노인 보살핌의 의미

　의학의 발달로 인생 초기에 죽는 경우는 점점 줄어들고 죽음은 노년
기로 축소되었다. 이와 같이 노년기는 죽음으로 자연스럽게 연결되었다.
그러나 이른 죽음은 예방해야 할 것으로 이해하면서도 노인의 죽음은 어
쩔 수 없다는 인식하에서 사회적·정책적 개입을 최소화한다면 노인의
죽음은 자연스러운 것이 아니라 사회구성적이라고 할 수 있다(Gilleard
& Higgs, 2000). 모든 사람이 미래의 노인이 될 가능성이 높으면서도,
노인에 대해 고정관념을 갖는 것은 노인이 타자화되었음을 의미한다. 이
것은 우리 사회에서 노인만의 문제가 아니라는 것을 알 수 있다. 노인의
정체성은 다른 연령과의 관계 속에서 형성되고, 노인 차별에는 나이듦과
죽음이라는 과도한 공포가 담겨 있다(보부아르, 2002). 나이듦을 사회문
화적 차별로 인식하는 것은 타자에 대한 관용이 아니라 나이듦에 대한
대면과 수용을 내포한다.

한국의 65세 이상 고령인구의 비중은 1980년 3.8%에 불과하였으나, 2050년은 38.2%로 70년간 34.4%p 증가할 것으로 전망한다. 한편 2050년 노년부양비(15~64세의 생산가능인구 100명에 대한 65세 이상 인구의 비)는 72.0으로 예상되는데, 이는 생산가능인구 1.4명이 노인 1명을 부양하는 것과 같은 의미다(통계청의 『2010 한국의 사회지표』).

이러한 조사결과는 노인이 젊은이의 짐이고 삶의 질을 위협하는 존재라는 것을 입증한다. 즉, 생산중심 사회에서 노인은 무용하고 쓸모없는 존재인 것이다. 이 글은 자본주의 사회의 '생산'중심의 사회에서 배제된 보살핌의 가치를 독립과 자율성의 관계적 맥락에서 재평가하고 노인여성을 의존자로 다루는 것이 과연 정당한가에 관해 의문을 제기한다. 마이어(Meyers, 2003: 381)에 따르면, 자율성은 사회관계를 초월하는 것이 아니라 개인적 상호의존성의 그물망과 사회적 맥락 안에서 확보된다. 즉, 사회관계는 자율성을 위협하는 것이 아니라 자신을 재규정하고 이해할 수 있게 하는 실천적 기술이다.

이 글은 노인여성이 자율적 존재가 아니라 의존적 존재로 규정되는 맥락을 설명하면서 노인여성을 의존적으로 설정하는 '기준'에 문제를 제기한다. 이 글에서는 여성들에게 성역할로 여성들에게 부여된 가족 내의 보살핌이 여성 자신을 위해서는 보장되지 않는 부정의를 고찰한다. 더나아가 노인여성이 보살핌을 받아야 할 권리를 주장하고 노인여성을 위한 제도를 마련하는 데에 이론적 근거를 제시하고자 한다. 특히 키테이(Kittay, 1999)의 논의를 중심으로 보살핌이 필요한 사람에게 보살핌을 기꺼이 제공할 수 있는 사회, 보살핌을 행하는 여성들이 보살핌을 받는 대상과 함께 취약해지지 않는 사회를 구상하면서 노인여성을 위한 보살핌을 모색한다. 이 글의 목적은 노인 보살핌을 젊은이의 희생과 부담으로 인식하는 담론에 대한 비판과 사회적 인식의 전환을 위한 것이다.

이 글은 보살핌의 윤리에 관한 여성철학자들의 저서를 바탕으로 노인 보살핌과 여성의 관계, 노인 보살핌의 가치와 공적 책임을 이론적으로 고찰한다. 이들의 연구는 노인 보살핌에 관한 구체적인 내용을 언급하지 않았지만 보살핌의 가치와 인간 및 관계에 대한 통찰력을 제안하고자 한다.

2. 노인여성, 노인과 여성이라는 위치

1) 생산중심의 가치와 노인여성

노인은 획일적이고 동질적인 집단이 아니라 다양한 층위를 형성하는 집단이다. 계층, 건강, 연령, 교육수준, 이전의 직업, 성별, 가구의 특성에 따라 노인에 대한 다양한 정책과 접근이 필요하다. '노인' 안에도 중심과 기준이 되는 집단은 남성이고, 노인여성의 경험은 충분히 반영하지 못하고 있다. 공적 영역의 은퇴를 기준으로 설정된 노인 개념과 주요쟁점은 노인남성의 현실을 기반으로 한다. 그러나 노인여성은 동질적인 집단이 아니라 내부에는 차이가 존재한다. 전문직, 고학력, 중산층 이상의 노인여성과 기초수급대상인 무학의 가난한 노인여성을 같은 선상에서 이해할 수는 없다. 전업주부인 경우 가족 내에서 역할 수행을 요구받기 때문에 노인남성처럼 역할상실로 고민하는 것이 아니라 어머니와 아내

역할에 몰두한다. 호정화는 은퇴한 여교사와 남교사의 삶을 비교하고 있다. 은퇴한 여교사는 남교사와 달리 취업의 이중고로 소홀히 했던 가사노동에 전념함으로써 죄책감을 덜어내는 등 은퇴에서 성별화된 현상을 보여준다(호정화, 1997). "여성에게는 은퇴가 없다"라는 말은 때때로 노인여성이 건강한 노년기를 보낼 수 있는 배경이 되고 남성들에게는 부러움이 되기도 한다. 그러나 노인여성은 죽을 때까지 가사노동을 해야 하고 아픈 사람을 보살펴야 한다.

전업주부로 살아온 노인여성은 임금노동을 하지 않았으므로 남편이나 자녀에게 경제적으로 지원받지 않으면 생존할 수 없다. 기존의 연금체계나 건강 및 노인 보살핌 제도 속에서 임금노동을 하지 않은 여성은 상호의존적인 존재라기보다 남편이나 자녀에게 의존하는 이등시민이다(Lister, 1997). 여성의 역할로 기대되는 보살핌에 관한 구조적 배치와 노동시장의 성차별로 인한 남성에 대한 경제적 의존은 여성을 남성보다 가난에 취약하게 한다. 이러한 배경에는 여성의 역할인 보살핌노동에 관한 평가절하가 숨어 있다. 모든 인간이 자율적이고 독립적이라는 신화를 가진 사회에서 여성들은 의존으로 정의되므로, 노년기에 낮은 자아존중감과 열등감을 갖게 된다.

나이듦은 죽음에 가까운 과정이고 나이듦을 거부하는 것은 죽음이나 의존을 인정해야 하는 고통스러운 경험이다. 의료권력이 생명과 죽음을 진단하면서 죽음은 인간의 삶에서 분리되었다. 의학의 발달로 장수를 얻었다 하더라도, 인간은 죽음을 결코 피할 수 없다. 사람들은 삶에서 죽음을 분리시키고 실감하지 못함으로써 죽음 공포를 극대화한다. 노년기의 누워 있는 상태는 취약한 인간의 상황으로 자율성을 잃는 과정이다.

소비사회에서 나이든 몸은 젊고 날씬하고 성적 매력이 넘치는 몸과 대비되어 대중의 주의를 끌지 못하고, 나이든 사람이 소비를 통해 화려한 의상과 외모를 유지하기 위해 노력할수록 나이듦과 두려움은 인간의 통제 밖에 놓여 있어 공포를 자아낸다(쉴링, 2002: 61). 나이듦은 젊음보다 매력적이지 않은 것으로 운동이나 식이요법, 건강검진을 통해 자신의 몸을 책임지고 통제할 수 있다고 믿었던 근대적 인간은 나이듦과 죽음을 부정적으로 인식하게 되었다.

생산성을 중시하는 자본주의 사회에서 노인 보살핌은 양육보다 주변화되어 있다. 아동은 미래의 노동력이고 보살핌은 사회적으로 유용한 가치를 생산하고 충분한 투자가치가 있다고 인정되지만, 죽음으로 끝맺을 노인 보살핌은 보살피는 자나 보살핌을 받는 자의 행위를 비생산적으로 만든다. 그리고 이러한 차별은 여성의 삶의 평가절하와 연결된다.

노년기가 길어짐에 따라 초기, 중기, 후기 노년기로 구분하고 와병상태의 노인과 활기차고 의욕적으로 활동하는 노인으로 세분화하게 되었다. 노인이 되어서도 발달가능성을 놓지 않으려는 시도는 중요한 의미를 갖는다. 자원활동, 노동, 취미활동 등을 통해서 노인을 가시화함으로써 노인이 의존적이라는 고정관념을 변화시킨다 하더라도 노인이 생산적이어야 한다는 강박관념은 보살핌을 받을 수밖에 없는 후기노인의 현실이나 보살핌의 가치를 바꾸지 못한다.

2) 모성의 원형으로서 노인여성

영화 〈집으로(2002, 이정향 감독)〉에서 손자를 떠나보내고 홀로 집으로 돌아오는 등이 굽은 할머니의 모습은 숭고한 모성의 원형이다. 이러한 노인여성은 한없이 가족에게 사랑을 베풀었지만 보살핌을 받지 못하는 연민의 대상이면서도 할머니에 대한 그리움과 향수를 불러일으킨다. 노인여성은 보살핌이 필요한 존재가 아니라 누군가를 보살피는 것에 익숙해서 다른 사람의 보살핌을 받을 수 없는 '성화(聖化)'된 존재다.

이러한 성역할기대는 여성 자신의 욕구와 상충되지만, 사회구성원의 요구를 저버릴 때 이기적인 엄마, 할머니로서 비난받는다. 우리 사회는 완고하고 지배적인 관계에 익숙하고 명령을 일삼은 할아버지보다 포용적이고 부드럽고 자상한 할머니를 선호한다. 성별에 따른 노인상은 노인에 대한 고정관념을 반영하는 한편, 희생보다 자신의 욕구에 충실한 '엄마'보다 타자에 대한 희생과 보살핌을 우선시하는 '할머니'를 모성이라는 틀 속에 가둬버림으로써 존중되어야 할 인간의 욕망이나 필요를 무화시킨다. 지혜의 여신을 원형으로 불러내면서 내면에서 영적인 힘을 찾으려는 여성주의자들의 시도(볼린, 2003)는 의존적인 노인여성의 이미지를 긍정적으로 변화시키고 삶에 활력을 불어넣지만, 노인여성을 신비화함으로써 내면의 복합적인 감정들을 설명해내지 못한다. 노인여성은 욕망이 없는 완전한 어머니도 아니고 도전이나 성장이 거부된 지혜로운 할머니도 아니다(Rosehthal, 1990). 노인여성은 욕망과 필요를 가진 하나의 인간일 뿐이다.

3. 의존자로서 노인여성의 사회적 구성과 취약성

노인은 젊은 세대의 짐으로 해석되고 노동시장에서는 연령차별을 받는 위치에 있다. 워커(Walker, 2003)는 자본주의 사회에서 은퇴자들에 대한 낙인과 차별을 비판한다. 워커는 직업(career) 없는 삶을 살고 있는 노인과 전업주부의 고통을 연관 지어 설명한다. 전업주부는 젊은 시절부터 생산노동에서 배제된 집단으로서 남편이라는 생계부양자에게 의존해서 살아가는 존재이고 공적 영역에서 지위를 갖지 못한 존재로서 부정적으로 이해된다. 워커는 노인여성을 노인집단과 별개로 설명하지 않았지만, 노인이나 전업주부가 일을 하고 있음에도 불구하고 무능한 존재로 취급되는 부정의를 비판하면서 공적 영역의 생산노동을 기준으로 설정된 '자율성'이라는 개념의 모순을 드러낸다.

젊은 남성의 몸을 기준으로 빠른 속도와 효율성을 중시하는 노동시장의 삶은 가사노동과 양육을 수행하는 여성의 보이지 않는 손길에 의해 이루어진다. 자율적이라고 확신하는 젊은 남성의 삶은 경제적·정치적으로 독립적이지만, 가사노동과 양육 및 노인, 장애인, 환자의 보살핌 등을 수행하는 비가시화된 노동이 없었다면 유지되지 못한다. 노동의 가치를 인정받지 못한 채 평생을 살아온 전업주부로서 노인여성의 경험은 독립/의존을 구분하는 모순을 드러낸다. 노인여성은 보살핌노동이 화폐로 환산되지 않아 아무 일도 하지 않고 가족에게 의존하는 존재로 평가된다. 노인여성은 남편의 은퇴와 자녀 결혼 이후에도 취업자녀의 가사노동과 손자녀 양육을 도와주고 남편의 외출이나 식사시간에 제약을 받거나 병든 남편을 보살피지만, 여전히 의존자로서 취급된다.

취업여성이 보살핌에 전념할 수 없는 빈자리는 여성 중에서도 낮은 층위에 있는 여성들이 대신한다. 즉, 이주여성, 저소득층여성, 노인여성의 노동으로 대체되고 있다. 집에 있는 노인여성은 손자녀 양육, 아픈 남편의 보살핌이나 가사노동을 당연히 수행해야 한다고 전제한다. 며느리, 딸이 취업으로 인한 이중고를 노인여성을 통해 해결하려는 과정에서 여성들은 갈등을 겪지만 사소화된다. 노인여성이 자녀의 취업을 지원하지 않는다면 이기적인 어머니나 나쁜 여성으로 비난받는다. 그러나 여여 갈등은 자기 이해에 따른 차이로서 화합할 수 없는 것이 아니다. 이것은 보살핌의 평가절하나 여성의 몫이라는 전제하에서 남성중심 사회가 그 가치를 인정하지 않음으로써 야기되는 현상이다.

여성이 보살핌을 통해 대상과 깊이 교감하는 기쁨을 느끼고 상대의 요구에 민감해지면서 이타적인 인간으로 변화한다 하더라도, 보살핌에 전념하는 것만으로는 생계를 유지할 수 없다. 보살핌의 가치를 찬미한다 하더라도, 보살핌노동이 생계를 유지할 수 없다면 임금노동보다 평가절하된다.

존 롤즈(John Rawls)는 동등한 시민으로서 자격을 갖춘 사람들이 협동하는 체계를 정의로운 사회라고 생각했지만, 에바 키테이(Eva Kittay)는 동등한 시민의 위치에 설 수 없는 여성들의 위치를 비판한다(Kittay, 1999). 키테이는 공적 영역에서 일을 하고 싶어도 노동시장의 진입부터 성차별을 겪고 노동시장의 진입 이후에도 출산과 양육의 책임을 지고 집으로 돌아가거나 노동형태를 변형시키는 현실을 직시하면서도 여성의 불평등한 현실을 비판한다. 이것은 임금노동만을 생산에 포함시킨 경제제도의 모순을 보여주는 한편, 생계부양자가 보살핌에 의존하고 있음에도 불구하고 자신을 독립적인 존재로 착각하게 한다.

여성주의 연구에서 노인여성이 취업여성을 지원하고 있다는 사실보다 취업주부가 시부모 부양에서 겪는 스트레스에 관심을 보이는 경향(송다영·김미경, 2003)도 노인여성보다 생산적인 취업여성에 초점을 두기 때문이다. 취업주부의 이중고에도 불구하고 노인여성은 취업주부에 비해 비가시화된 존재였다. 노인여성이 가사노동과 손자녀 양육을 하고 있다는 점을 간과해온 것이다. 노인여성은 손자녀 양육, 가사노동, 남편의 병수발 등 많은 일을 하고 있다. 보살핌이 쉬운 일은 아니다. 보살피는 자는 투명한 자아를 요구받고 보살피는 대상의 필요에 민감해야 하므로 끊임없이 상처받을 수 있고, 보살피는 대상이 다른 사람의 손길을 필요로 하는 존재이기 때문에 보살핌에 대한 책임을 전적으로 져야 하며, 한 순간도 안심할 수 없는 긴장감 속에서 보살피는 대상의 유동적인 반응에 육체적·정신적 피로와 부담감을 느낀다(Kittay, 1999: 49-73).

노인여성은 많은 일을 하면서도 의존자라는 부당한 평가 때문에 자존감이 저하된다. 또한 노인여성은 보살핌을 받아야 하는 자신의 모습을 상상하고 싶어 하지 않음으로써 노년기의 계획을 구체적으로 세우지 못한다(이동옥, 2003). 노인남성들은 나이들어가는 몸이 아플 때 아내에게 보살핌의 역할을 기대한다. 이것은 생계부양자로서 아내에게 요구할 수 있는 남편의 권리이자 공평한 분업이다. 그러나 노인여성이 같은 상황에 처하면 남편에게 보살핌을 받아야 한다는 사실을 거북해한다. 시부모 보살핌을 고통스럽게 경험했던 여성들은 힘든 일을 다른 사람에게 맡기고 싶어 하지 않지만, 보살핌을 준비할 만큼 경제적으로 자원이 충분한 것만은 아니다(나성은, 2002). 여성들은 생계부양자로서 직접 돈을 벌지 않았으므로 남편만큼 당당하게 의료비를 쓸 수 있다고 생각하지 않는데, 재산에 관한 의사결정권에서 생계부양자로서의 남편보다 밀려날 수밖에 없기 때문이다(김기태, 2001).

4. 정의로운 사회와 노인여성의 권리

1) 보살핌의 평가절하와 노인여성의 권리

가사노동, 양육, 장애인 및 환자 또는 노인 보살핌을 수행한 여성들은 노인이 되어 보살핌이 필요할 때 적절한 보살핌을 받지 못한다. 보살핌은 은행의 저축과 같이 필요할 때 꺼내어 쓸 수 있는 것이 아니다. 여성의 보살핌은 남성 생계부양자와 재화를 함께 사용한 것으로 보상이 주어진 것이다. 가난한 사별 여성이 보살핌의 비용을 가족 내에서 해결해야 한다면 노인여성은 가족의 짐이 된다. 노인여성이 자녀와 부모에게 해왔던 보살핌의 공헌을 생각한다면 분노를 일으키지 않을 수 없다. 가족 관계에서 노인 보살핌의 책임을 한정할 때 여성은 자녀에게 짐이나 부담으로 작용한다. 노인여성이 기약 없는 보살핌이 필요하다면 귀찮은 존재가 되어 자살을 선택할 수밖에 없다.

물론 어머니의 보살핌은 자녀와의 관계 맺기를 통해 돈으로 환산할 수 없는 귀중한 가치를 얻는다. 보살핌을 통해 의존자를 이해하고 교감하는 과정은 그들의 삶을 풍요롭게 하고 인격성장에 도움을 준다. 리치(Rich, 2002)는 '제도로서의 모성'과 '경험으로서의 모성'을 구분한다. 가부장제 사회에서 여성의 역할로서 어머니 일을 함으로써 억압적인 경험을 하는 '제도로서의 모성'과 달리, 어머니 일을 통해 자녀와 교감하고 서로에게 민감해지면서 감응하는 인간관계에서 느끼는 기쁨을 '경험으로서의 모성'으로 설명하고 있다(리치, 2002). 이러한 맥락에서 노인여성은 보살핌이 필요할 때 자녀에게 보살핌을 받아야 한다고 생각하지 않는다. 노인여성은 가족의 한정된 자원을 인식하고 있으므로 자신을 보살피는 일이 자녀에게 부담이 된다는 것을 깨닫는다.

노인여성의 공헌이 사회적으로 인정되면 연금, 건강보험, 노인장기요양보험의 수급은 지금과는 다른 상황이 될 것이다. 노인여성이 임금노동을 해온 남성들만큼 공헌을 인정받고 남성을 경유하지 않고 노인 보살핌이 보장된다면, 여성의 노년기는 어둡고 우울하지 않을 것이다. 노인여성들은 현재 연금이나 건강보험에서 생계부양자의 보호를 받아야 하는 의존적 지위에서 혜택을 받고 있다.

2) 보살핌을 주고받는 사회와 노인 보살핌의 공적 책임

우리 사회에는 보살핌이 필요하지만 사회적 공헌을 할 수 없는 사람과 이러한 의존자들을 보살피는 사람들이 있다. 여성들은 보살핌의 일차적 제공자로서 임금노동에 제한을 받으므로 보살핌을 받는 대상과 함께 취약한 사회구조에 놓여 있다. 키테이(Kittay, 2002)는 보살핌이 필요한 사람들을 낙인찍지 않고 보살핌을 받을 수 있는 사회를 정의로운 사회로 명명한다. 자본주의의 교환가치는 자기 이해에 몰두하는 경제적 인간을 상정하며 독립/의존을 명확히 구분한다. 하지만 모든 관계는 독립과 의존을 명확히 구분하는 것이 아니라 상호의존성을 기반으로 한다. 독립을 명명하는 것은 다른 존재의 노동을 은폐하고 보살핌의 현실을 왜곡한다.

누구든지 보살핌이 필요할 때 사회적으로 보살핌을 받을 권리가 있다고 한다면, 모든 사람은 게으른 삶을 선택할 수 있고 열심히 일하는 사람들은 자신들의 희생을 부당하다고 생각할 수도 있다. 이러한 맥락에서 노인 보살핌 체계를 위해 비용을 분담해야 하는 생산연령층은 노인을 비난하고 불필요한 지출에 분노하기도 한다. 그러나 죽음에 이르는 보살핌은 타자에 대한 책임을 요구하는 희생으로 다뤄져서는 안 된다. 자율성을 강조하는 사회에서 질병, 나이듦은 인간의 독립적 지위를 불안하게 한다. 보살핌을 받아야 할 상황에서 보살핌을 보장하는 제도는 결국 나 자신을 위한 것이다. 인간이 의존적인 존재라는 것을 인정하는 것은 나이듦과 죽음을 고통스럽게 삶의 영역 밖으로 밀어내지 않아도 되고 좀더 안전한 장치를 마련하는 것이다.

키테이는 고용주와 남성생계부양자, 남성생계부양자와 전업주부, 어머니와 아이는 보살핌을 주고받는 관계로서, 한쪽만이 독립, 다른 한쪽이 의존을 의미하는 것이 아니라 상호의존의 관계에 놓여 있다. 즉, 누워 있는 산모를 옆에서 보살피는 다울리아의 원칙은 새로운 정의의 원칙으로 도움이 필요할 때 도움을 주는 정의로운 사회를 구성할 수 있다 (Kittay, 1999; Kittay, 2002). 키테이가 제시하는 보살핌 체계는 그 사람의 사회적 공헌 여부에 따른 것이 아니라 보살핌이 필요한 자의 요청에 따라 이루어지므로 시장의 교환관계나 계산적 이해를 넘어선다. 이렇게 보살핌이 보장되는 사회에서 구성원은 이용되고 소모된 이후 버려질 수 있다는 두려움을 완화하고 안정적으로 살아갈 수 있다.

근대 이전의 사회에서 지역 공동체는 가족이 보살핌을 다하지 못할 때 이웃의 고통을 분담하면서 사회 복지의 기능을 해왔다. 그러나 근대화로 인한 개인화 과정에서 타인의 고통에 둔감하고 보살핌이 필요한 자들은 가족이 없는 경우 질적으로 저하된 국영시설에 수용되었고 이러한 과정에서 낙인찍혔다(Marshall, 1993). 노인 보살핌 제도는 젊은이의 희생이나 부담을 감수하게 하는 필요악이 아니라, 사회구성원이 지역사회, 국가적 차원에서 보살핌의 책임을 공유함으로써 보살핌을 받아야 할 때의 불안을 최소화하고 편안한 삶을 영위하기 위한 것이다.

5. 노인 보살핌에 대한 인식의 재고

이 글은 전업주부로 살아온 노인여성의 위치에서 이들의 일과 사회적 공헌이 보살핌의 권리에 미치는 영향을 살펴보고 사회적 가치 설정의 한계를 고찰했다. 고령화의 진행으로 노인의 수는 증가하고 있지만, 나이듦에 대한 거부감은 완화되지 않고 젊음을 연장하기 위한 노력은 다양한 의료서비스의 형태로 소비되고 있다. 나이듦과 죽음은 인간발달의 자연스러운 과정이고 젊음의 과잉은 보살핌이 필요한 시기에 죽음에 이르는 과정을 거부한다. 노인부양이 젊은이의 희생이 된다는 논리 역시 생산성을 중시하는 사회에서 나이듦과 죽음을 타자화한다.

사회 전체가 인간의 발달단계에서 보살핌을 받아야 할 의존적인 조건을 이해하지 못한다면 보살핌을 받는 자나 보살피는 자는 시장의 교환관계에서 취약해질 수밖에 없다. 성역할로서 보살핌을 받아들여야 했던 노인여성은 남성 생계부양자들의 숨은 지원자이거나 가난한 임금노동자로서 살아왔다. 그러나 노인여성은 보살핌을 받아야 할 상황에서 가족에게 짐이 되거나 가족이 없는 경우에 폭력에 노출되어왔다.

노인여성은 본인의 위치에서 차별적 상황, 구조적 취약성을 고려해서 보살핌의 권리를 주장해야 한다. 그러나 노인 보살핌은 개별가족에서 해결될 수 있는 것이 아니라 공적 책임으로 확대되어야 한다. 보살핌을 가족 내에 한정한다면 노인여성의 취약성은 가족 내에서 방치될 위험성을 갖게 되고 가족들의 부담, 특히 가족 내에서 보살핌을 전담하고 있는 여성들의 부담도 증가할 것이다. 또한 이러한 부담을 부당한 희생으로 해석하는 것은 인간의 삶에 대한 왜곡이므로, 사회는 보살핌을 삶의 조건으로 이해하고 제도적 지원을 아끼지 말아야 한다. 보살핌 체계 속에서 인간은 나이듦과 죽음의 공포를 완화시키면서 안락한 삶을 영위할 수 있기 때문이다.

또한 노인여성은 의존할 부분은 의존하고 자신이 할 수 있는 것들은 스스로 하려는 자세가 필요하다. 보살핌을 받는 자가 자신이 할 수 있는 것을 하고 할 수 없는 일에 대해 기꺼이 도움을 받는 것이 필요하다. 다른 사람과 관계를 맺으려는 의지는 보살핌을 긍정적으로 의미화하는 과정이고 성공적인 노년기를 보낼 수 있는 원동력이다.

노인이 혼자 살면서 밥을 해먹는 모습은 보살펴야 할 자녀가 없다는 점에서 '불쌍한 존재'로 해석된다. 하지만 노인은 음식을 차려놓고 가족이나 이웃을 초대할 수도 있다. 사회적으로 독거하는 노인에게 재가서비스를 제공하고 필요한 것을 지원한다면, 노인의 독거를 부정적으로 바라볼 필요는 없다. 일본의 노인요양시설에서 하루 종일 누워 있는 노인은 없고 휠체어를 타고 활동함으로써 잔존능력을 살리면서 보살핀다(오쿠마, 1998). 노년기에도 성장의 가능성을 열어두려는 노력은 자신에 대한 배려이면서 보살피는 자에 대한 기본적인 예의이기 때문이다.

노인 보살핌에 관한 인식은 개인적 차원에서 변화될 수 없다. 노인여성은 보살핌노동의 재평가나 노동시장의 성차별을 자신의 경험과 관련시켜 해석해야 한다. 이것은 사회가 나이듦과 죽음에 관한 태도를 변화시키고 보살핌의 가치를 재평가할 때만이 가능하다. 노인장기요양보험의 도입은 노인 보살핌을 가족에서 국가, 지역사회로 확장하는 인프라의 구축을 위한 출발점이 된다. 그러나 이러한 제도를 도입하는 것만으로 모든 것이 저절로 해결되는 것은 아니다. 고령화의 위기의식과 젊은이의 노인부양에 관한 희생이나 부담을 강조함으로써 이 제도를 만드는 데에 합의를 가져올 수 있었다. 이러한 관점에서 보살핌을 받는 자나 보살피는 자를 의존자로 규정한다는 점에서 이 제도는 한계를 갖고 있고 사회구성원의 이해와 충돌할 가능성이 남아 있다.

여성학자들은 노인 보살핌 체계가 만들어진다 하더라도, 서비스가 수용하지 못하는 범위의 보살핌이 여성의 몫이 될 수 있다. 현물급여는 여성을 보살핌에 묶어놓음으로써 노동시장의 진입을 가로막으며, 여성의 일로 인식됨으로써 저임금과 좋지 않은 노동조건에 놓여 있다.

국가, 지역사회 차원의 노인 보살핌 체계는 보살핌의 공적 책임으로서 환영할 만하다. 노인 보살핌 체계는 우리의 의식을 변화시킬 수 있다. 그러나 제도의 마련 이후에도 계속 노인 보살핌에 대한 젊은 층의 희생이라는 보살핌에 관한 인식이 변화되지 않는 한 노인 보살핌의 권리는 보장받지 못할 것이다. 특히 노인여성은 성별분업의 구도하에서 생계부양자의 지위를 얻지 못하거나 노동시장의 성차별을 감당해야 했으므로 보살핌에서 취약한 상황에 놓여 있다. 노인여성이 의존자로서 지위를 갖는 것은 보살핌의 권리를 주장하지 못하게 한다. 노년기는 독립성과 자율성을 잃는 시기로서 의존성은 불가피하다. 이러한 상황을 의존이라고 명명하는 사회에서 노년기의 삶은 행복을 가져다줄 수 없다. 사회가 보살피는 자와 보살핌을 받는 자의 상호의존성과 관계적 맥락을 이해하고 보살핌의 공적 책임으로 받아들일 때만이 이러한 서비스는 노인여성을 위한 제도가 될 수 있다.

이 글은 전업주부의 삶을 살아온 여성을 중심으로 논의를 전개했으므로 비혼여성에 관해서는 다소 관심을 기울이지 못한 측면이 있었다. 노동시장의 성차별이 비혼여성의 노년기의 지위를 설명하고 있지만, 비혼여성인 노인여성의 구체적이고 상황적인 맥락을 충분히 설명하지 못했다. 앞으로의 연구에서는 이러한 부분이 보완되기를 기대한다.

참고문헌

김기태(2001), 「중년 여성의 자신의 노후생활에 대한 태도연구」, 『사회과
　　학논총』, 제28호, 25-45쪽.

나성은(2002), 「부계가족 내 노인 보살핌과 여성경험에 관한 연구」, 이화
　　여대 여성학과 석사학위청구논문(미간행).

송다영·김미경(2003), 「여성의 취업실태별 노인 부양부담과 역할갈등」, 『한
　　국여성학』, 제19권 2호, 145-176쪽.

이동옥(2003), 「여성들의 노후준비와 자원접근성에 관한 연구」, 이화여대
　　여성학과 석사학위청구논문(미간행).

호정화(1997), 「교사 일 은퇴에 관한 연구: 성별비교를 중심으로」, 서울:
　　이화여대 사회학과 석사학위청구논문(미간행).

보부아르, 시몬느 드(1994), 『노년』, 홍상희·박혜영(역), 서울: 책세상
　　(Beauvoir, Simone de, *La Vieillesse*, Paris: Gallimard, 1970).

볼린, 진 시노다(2003), 『(우리 속에 있는) 지혜의 여신들: 심리여성학』, 이
　　경미(역), 서울: 또하나의문화(Bolen, Jean Shinoda, *Goddesses in Older
　　Women: Archetypes in Women over Fifty*, New York: Harpercollins
　　Publisher, 2001).

오쿠마 유키코(1998), 『노인복지혁명』, 노명근·노혜련(역), 서울: 예영커
　　뮤니케이션(大熊由紀子, 『'寢たきり老人'のいる國いない國』, 東
　　京: ぶどう社, 1990).

리치, 아드리엔(2002), 『더 이상 어머니는 없다』, 김인성(역), 서울: 평민사
　　(Rich, Adrienne Cecile, Of Woman Born, New York: Norton, 1976).

쉴링, 크리스(2003), 『몸의 사회학』, 임인숙(역), 서울: 나남출판(Shilling,
　　Chris, *Body and Social Theory*, Calif.: SAGE Publications, 1999).

Gilleard & Higgs(1993), "Bio-ageing and the Reproduction of the Social",

Cultures of Ageing: Self, Citizen, and the Body, Harlow, England; New York: Prince Hall.

Kittay, Eva(1999), _Love's Labor: Essays on Women, Equality, and Dependency_, New Yor: Routledge(Thinking Gender Series).

Kittay, Eva(2002), "When Caring is Just and Justice is Caring: Justice and Mental Retardation", Kittay, Eva and Ellen K. Feder(ed.), _The Subject of Care: Feminist Perspective on Dependency_, Lanham, Md.: Rowman & Littlefield Publishers.

Lister, Ruth(1997), "Dialectics of Citizenship", _Hypathia_, 1997, fall, vol.12, no.4, pp.6-26.

Marshall, T. H.(1993), "Citizenship and Social Class", Held, David et al., _Statics and Societies_, Blackwell: Oxford.

Meyers, Diana T.(2003), "Gendered Work and Individual Autonomy", Flore, Robin N. and Hilde Lindemann Nelson(eds.), _Recognition, Responsibility, and Rights_, Lanham, Md.: Rowman & Littlefield Publishers.

Rosenthal, Evelyn R.(1990), "Women and Varieties of Ageism", in Rosenthal, Evelyn R.(eds.), _Women, Aging and Ageism_, New York, London: The Haworth Press.

Walker, Margarate(2003), "Getting out of Line: Alternatives to Life as a Career", _Moral Context_, Lanham, Md.: Rowman & Littlefield Publishers.

VI

. . .

안락사와 죽음 결정에 관한
여성주의 고찰1)

가족의 보살핌이나 의료자원의 접근에 불리한 집단으로서
노인여성은 가족의 이해관계에 따라
학대나 죽음의 위기에 노출되어 있다.

1) 이 글은 『여성학논집』 23권 2호에 실린 「여성환자의 안락사에 관한 연구」(2007)를 수정, 보완한 것이다.

1. 생명과 죽음에 관한 여성주의 연구

서구 근대 이전에 여성들은 민간에서 약초에 관해 풍부한 지식을 갖고 가족을 치료해왔다. 즉, 의학적 지식 생산과 실천에서 주도적인 역할을 한 것이다. 하지만 근대의학의 성립과정에서 '마녀사냥'을 통해 약초의 지식을 지닌 여성들이 희생되었고, 전문가 집단인 의사가 지식 생산과 실천에서 주도권을 쟁취함으로써 여성들은 의학적 지식 생산에서 배제되었다(베슈텔, 2004; 러셀, 2004). 이러한 배경 속에서 의학은 남성의사의 관점에서 여성의 몸을 관찰, 대상화함으로써 의학적 지식을 축적했다.

파이어스톤(Firestone, 1983)은 여성이 임신과 출산의 재생산에서 분리되지 않는 한 성평등이 이뤄질 수 없으므로 여성이 재생산수단을 점유하고 성계급의 구분을 없앨 때만이 여성 해방이 가능하다고 주장했다. 파이어스톤의 소원대로 피임, 임신, 출산에 관한 재생산기술의 발달은 인공수정과 불임시술을 가능하게 했다. 그럼에도 불구하고 여성주의자들은 임신, 출산의 의료화가 여성에게 과연 유익했고 여성이 재생산과정에서 자신의 몸에 관해 주체성을 실현할 수 있게 되었는지 회의하고 있다. 여성들이 집에서 여성 산파의 도움으로 출산에 주체적으로 참여할 때보다 출산의 의료화·기계화는 여성의 몸을 대상화·수단화함으로써 재생산과정에서 여성을 소외시켰다(와츠만, 2001: 129). 여성들은 병원에서 검사, 치료, 수술 등을 받을 때 자신의 몸에서 일어나는 일임에도 불구하고 의료행위의 영향이나 결과에 대한 정보나 지식을 충분히 제공받지 못하는 경향이 있다. 게다가 여성들은 전문가인 의사의 결정에 전적으로 따라야 하면서도 좋지 않은 결과가 발생할 때 책임을 지거나 의료비를 부담해야 한다. 한국의 여성학 연구나 여성운동에서는 남성중심 의료권력에 대항해서 자연분만, 난자기증 및 매매 반대 운동 등을 중심으로 여성의 몸에 관한 결정권을 논의해왔다.[2]

이와 같이, 생명에 관한 여성학 연구는 재생산기술 분야에서 주로 다루어졌다. 고령화 사회가 진행됨에 따라 '좋은 삶'뿐 아니라 '좋은 죽음'이나 '존엄하게 죽을 권리'에 관한 관심도 증대하고 있다. 평균수명의 연장으로 연명 치료에 대한 두려움과 거부감, 경제적 부담감이 높아지고 있다. 2008년 11월 28일 김옥경 할머니는 서울서부지법으로부터 '존엄사 인정, 인공호흡기 제거'라는 판결을 받았다. 다음은 존엄사에 관한 사건일지의 주요 내용을 간략하게 정리한 것이다(≪매일경제≫, 2010년 1월 11일 자).

---

[2] 한국여성민우회와 한국여성학회는 2006년 3월 17일 「여성의 몸과 국가주의: 난자문제를 중심으로」에 대한 토론회를 개최했다. 조주현 교수(계명대 여성학과)의 「난자: 생명기술의 시선」, 김현철 교수(이화여대 법학과)의 「여성의 재생산권리에 대한 고찰」, 손봉희(여성민우회)의 「생명공학기술에 대한 민우회의 대응과 과제」 등의 발표가 있었다.

2008년 2월 15일 김 할머니 세브란스병원 입원
2008년 2월 18일 김 씨 폐 조직검사 중 의식불명 상태에 빠짐
2008년 5월 9일 김 씨 가족, '무의미한 연명치료 중지' 가처분 신청
2008년 5월 10일 김 씨 가족, '존엄사' 관련법이 없는 것은 헌법 위배 헌법소원
2008년 6월 2일 김 씨 가족, 병원 상대 민사소송 제기
2008년 7월 10일 서울서부지법, 김 씨 가족이 낸 연명치료 중지 가처분 신청 기각
2008년 11월 28일 서울서부지법, '존엄사 인정, 인공호흡기 제거' 판결
2008년 12월 17일, 병원, 비약상고 결정… 김 씨 가족 반대
2008년 12월 18일 병원, '존엄사 인정 불복' 항소
2009년 2월 10일 서울고법 민사9부, 병원 측 항소 기각

김 할머니는 연명치료를 중단한 지 201일, 의식 불명상태에 빠진 날로부터 328일 만에 세상을 떠났지만, 존엄사 논쟁은 아직 미해결 과제로 남아 있다(≪매일경제≫, 2010년 1월 11일 자). 이 사건을 계기로 죽을 권리, 안락사에 관한 사회적 관심이 높아지고 있지만 존엄사 법 제정을 둘러싸고 의료계와 환자와 가족들 간의 이해가 충돌하고 있다.

이러한 시기에 여성주의 관점에서 죽음에 관한 여성의 경험을 연구하는 것은 의의가 있다. 불치병이나 말기암에 걸려 있거나 나이듦으로 더 이상 회복될 수 없는 경우 여성이 경험하는 성별화된 죽음의 구체적이고 특수한 상황은 무엇이고 여성의 위치에서 최선의 선택을 할 수 있는 환경을 구성하는 것은 여성주의 관점에서 중요한 연구과제다.

성별분업의 구도하에서 여성은 가족을 보살피는 역할을 맡고 있지만, 보살핌을 받아야 할 때 적절한 치료를 받지 못한다. 보살핌의 역할은 여성을 경제적으로 남성에게 의존하게 함으로써 의료자원의 접근에서 남

성보다 취약하게 한다. 건강보험이나 연금은 가족 단위로 임금노동을 한 생계부양자의 기여를 기준으로 구성된다. 여성은 생계부양자인 남성을 경유해서 혜택을 받는 경우가 많으므로 보건의료제도의 접근에서 부차적이다. 여성환자가 남성환자보다 가족의 치료비나 유산에 관한 경제적 자원을 갖지 못하는 것도 이러한 이유다.

한편 여성주의 관점에서 죽음의 문제를 논의하는 것은 찬반의 이분화된 논의를 넘어서야 한다. 여성주의 연구는 여성이 죽음을 결정할 때 어떠한 상황에 놓여 있고 최선의 결정을 하기 위해 의사, 가족과 어떤 관계를 맺고 의료환경을 만들어갈 것인가 하는 여성의 의사결정과정에 초점을 두어야 한다. 이러한 문제는 여성의 안락사에 관한 동의를 삶의 질을 높이기 위한 최선의 선택으로서 '죽을 권리'로 이해할 것인가, 가족이 부담해야 할 치료비나 보살핌 때문에 여성환자가 치료중단이나 죽음을 선택한다면 의사가 그것을 자발적인 선택으로 받아들여 그 결정에 따라야 할 것인가 하는 논의 등을 포함한다.

의사는 치료를 목적으로 환자와 계약관계에 놓여 있지만, 환자의 고통과 존엄하게 죽을 권리에 관심을 갖고 생명을 존중해야 한다. 의사는 환자와 정보를 공유함으로써 치료를 결정해야 한다. 그러나 의사는 전문가의 권위를 내세워서 환자를 위한다는 명목으로 환자가 의사의 결정에 전적으로 따라야 한다고 요구한다.

이 글에서는 여성환자의 안락사에 관한 문헌을 이론적으로 고찰하고 2001년 1월 1일부터 2006년 12월 31일까지 신문기사와 영화 등을 주로 분석했고, 이후에 몇몇 신문기사와 영화를 첨가했다. 또한 여성환자의 고통과 생명의 연장에 관한 성별화된 맥락과 여성의 죽음 결정에 영향을

미치는 요인을 살펴보고 최선의 선택이 무엇인지 탐색한다. 이러한 과정
은 여성이 죽음에 관한 의사결정권을 확보하기 위한 것이다. 그러나 이
연구는 타자와의 관계에서 침해받지 않는 독립적이고 자율적인 여성의
결정과 책임을 주장하는 것을 넘어선다. 즉, 여성환자가 의사, 가족과의
관계적 맥락에서 결정을 내릴 때 어떠한 권력이 작동하고 여성환자가 어
떻게 저항하고 협상이 가능한지 살펴보고자 한다.

2. 안락사: 좋은 죽음과 죽을 권리

　죽음은 자본주의 사회의 생산성과 효율성, 빠른 속도라는 가치에 비
해 열등한 것으로 인식된다. 그러나 죽음은 삶과 분리할 수 없는 것이고
삶의 연속선상에 있다. 죽어감(dying)은 몸의 모든 기능이 일시적으로
정지되는 일회적인 사건이 아니라 하나의 '과정'이다. 그러나 죽음(death)
은 '사건'이어야 하고 개체의 소멸이라는 '죽음의 시점'을 정해야 하기
때문에 그 시점을 판단하는 과정에서 윤리적·법적 문제가 발생한다(임
종식·구인회, 2000: 142).[3] 장기이식을 허용하는 국가에서 뇌사는 죽
음의 기준으로 인정된다. 뇌사를 죽음으로 인정할 때 의료자원 분배의
측면에서 많은 환자에게 혜택이 돌아갈 수 있다(김상득, 2000).[4] 하지만

---

3) 사망시간은 임의적이고 생물학적인 생명의 표시가 신체의 조직에서 최종적으로 멈춤으로써 끝나는 죽음
　의 과정 중에 어떤 시점을 기준으로 확정하는 것이다(임종식·구인회, 2000: 144).

4) 한국을 비롯한 대부분의 국가에서는 심폐사보다 뇌사를 죽음으로 인정한다. 이러한 결과는 의사들이 장
　기이식의 필요성을 인식함으로써 뇌사를 죽음으로 판단하도록 힘써왔기 때문이다. 신장이나 골수는 살
　아 있는 사람에게서 적출할 수 있고 심장, 간, 폐, 췌장은 뇌사상태에 있는 사람에게 취해서 환자의 생명

"뇌사자는 죽은 사람이 아니라 죽어가는 사람(임종식·구인회, 2000: 149)"
이라는 주장은 뇌사를 죽음으로 인정할 때 인권유린의 논란에서 결코 자
유롭지 못하다.

안락사의 어원은 영어로 euthanasia로 'eu(좋은)'과 'thanatos(죽음)'의
조합이다. 안락사는 불치의 말기질환으로 신체적·정신적 고통을 겪는
환자의 고통을 덜어주기 위한 것이고 당사자의 이익을 위해서 행위 또는
부작위에 의해 죽음을 야기하는 것이다(권복규·김현철, 2005: 105). 모
든 사람은 편안하게 죽기를 바라고 '좋은 죽음'을 원한다. 그러나 좋은
죽음이 자연사가 아니라 인위적인 죽음이나 타인에 의한 죽음, 즉 살인이
라고 한다면 윤리적·법적 문제가 발생할 수 있다(한국의료윤리교육학회
편, 2001: 292). 따라서 '편안한 죽음'이라는 안락사의 목적을 실현할 수
있으려면 '치료할 수 없는 질병으로 고통을 겪는 환자'나 '불치병 또는
사고로 죽을 시기에 임박한 환자'로 그 범위를 제한해야 한다. 안락사는
이러한 상황을 충족시킬 때만이 그 환자의 이익을 극대화하는 것이고 사
회적 차별로 인한 인권유린의 가능성을 최소화할 수 있다.

'회복할 수 없는' 상태에서 고통이 끝나기를 바라는 환자에게 계속 치
료를 받게 하는 것은 품위 있게 죽을 환자의 권리를 침해하는 것이다.
의사는 환자의 고통을 덜어줘야 하고 환자가 원하지 않는 치료를 하지
말아야 하며 품위 있게 죽을 권리를 보장해야 한다.[5] 소극적 안락사는

을 살릴 수 있다(김상득, 2000: 200). 그러나 뇌사나 심폐사의 판단기준은 인체기관의 기능에 초점을
두기 때문에, 뇌사는 뇌기능의 상실이 아니라 '뇌의 파괴'로 죽음의 기준으로 삼아야 하고, 심폐기능이
정지되지 않으면 뇌의 파괴를 입증할 길이 없다는 점에서 죽음의 시점을 정하는 데에 한계가 있다(김상
득, 2000: 335).

5) 안락사는 치료의 중단과 의료의 개입 정도에 따라 적극적 안락사와 소극적 안락사로 나뉠 수 있다. 적극
적 안락사는 의사가 생명단축을 위한 약물주입 등의 특수수단을 제거하는 것으로 살인 혐의를 갖고 있
다면, 소극적 안락사는 치료중단에 의한 것으로 식물인간의 등장과 죽을 권리와 함께 중요한 쟁점이 되

환자의 요청에 따라 음식공급을 중단하는 것으로 관행적으로 이루어진다. 죽을 권리를 주장하는 사람들은 적극적인 안락사를 긍정적으로 고려하기도 한다. 자국에서 안락사가 허용되지 않는 영국과 독일의 노인들은 스위스로 여행을 떠나 안락사를 허용하는 로잔병원을 찾아간다(≪연합뉴스≫, 2005년 10월 6일 자).

의학의 발달은 평균수명을 연장시켰고 신약을 개발해서 질병을 치료하고 건강을 개선함으로써 삶의 질을 향상시켰다. 의학이 발달하지 못한 시절에 여성들은 많은 아이를 낳았고 그 아이들은 질병으로 어린 시절에 죽거나 오래 살아남지 못했다. 그 당시에 장수는 인생의 축복이었고 희망이었다. 이러한 상황에서 의학의 발달은 때 이른 죽음을 해결했지만 인간에게 기쁨을 가져온 것만은 아니다. 인공호흡기에 의존해서 침상에서 생명을 유지하는 환자들이 과연 계속 살아남기를 원하는가 하고 질문할 수 있다. 인간의 존엄성이 생명을 연장하는 데에 있는 것이 아니라 인간다운 삶을 영위하는 데에 있다면, 환자가 의식 없이 인공호흡기를 통해 살아가는 것을 "생명이 붙어 있다"고 만족할 수만은 없다. 우리는 그 사람의 입장에서 "인간다운 삶이란 무엇인가" 하는 점을 고려해야 한다. 한 사람이 인공호흡기를 달고 '불필요한' 고통 속에서 살아간다면 생명의 연장은 환영할 만한 일이 아니기 때문이다.

고 있다(이강민, 2003: 8).

3. 의사/여성환자의 위계적 관계

1) 의사의 윤리적 책임과 환자의 자율성

의사는 환자와의 관계에서 다음의 두 가지 원칙에 따라 행동한다. 첫째, 온정적 간섭주의에 근거한 '선행원칙'이다. 선행원칙이란 의사가 타인에게 피해를 주지 않거나 선을 베풀고자 하는 의도에서 환자를 간섭하는 행동이다. 선행이란 타인의 고통을 덜어주기 위해 그들에게 행복을 안겨주기 위해 적극적으로 노력하는 행위, 타인에게 해를 입히지 않기 위해 타인을 배려하는 행위, 그리고 타인에게 해를 입히지 말아야 할 소극적인 의무 및 타인을 도와줘야 할 적극적인 의무를 포함한다(임종식·구인회, 2000: 265).

둘째, 환자와의 계약관계에 근거한 '자율성원칙'이다. 자율성원칙이란 의사가 환자의 의견을 존중해서 결정하는 것이다. 의사는 환자가 자신의 몸에 대해 결정할 권리가 있다는 것을 인식하고 존중해야 한다. 환자가 의학적 지식을 이해하지 못한다고 해서 의료행위를 통해 자신의 몸에서 벌어질 상황을 전혀 모르는 채 의사에게 모든 것을 맡겨서는 안 된다. 환자는 '충분한 정보에 근거한 동의(informed consent)'와 '충분한 정보에 근거한 선택(informed choice)'을 주장할 수 있다(권복규·김현철, 2005: 124-126). 즉, 의사는 의사결정능력이 있는 환자에게 의료행위를 하기 전에 그 과정과 영향 및 결과를 충분히 설명해야 하며, 환자는 그 설명을 들은 후에 선택해야 한다.

2) 죽음 결정에서 여성환자의 동의

죽음은 돌이킬 수 없는 사건이다. 생명을 경시하지 않기 위해서는 자살과 안락사를 엄격하게 구분해야 한다. 자살이 정신적 고통을 이기지 못하거나 삶의 비관에서 비롯한다면, 안락사는 질병으로 인한 고통을 참을 수 없어 예정된 죽음을 앞당긴다는 점에서 차이가 있다(김상득, 2000: 297). 또한 죽은 사람에게 자살의 책임을 물을 수 없겠지만, 어떤 사회에서도 살인보다 자살을 권장한다고 할 수는 없다(김상득, 2000: 297; Wolf, 1996).

영화 〈시 인사이드(2004)〉에서 주인공 라돈(하비에르 바르뎀 분)은 가톨릭 국가인 스페인의 안락사금지법에 반대해서 죽을 권리를 주장한다. 그는 높은 곳에서 추락해서 얼굴의 감각만 살아남아 하루 종일 누워 생활한다. 그는 정성스런 가족의 보살핌 속에서 특유의 긍정적이고 명랑한 성격으로 주변의 사람들에게 희망을 준다. 그는 사람들이 생각하는 만큼 불행하지 않지만 죽을 권리가 있다고 주장하면서 법정 투쟁을 한다. 하지만 결국 그는 이러한 투쟁에 실패하고 죽을 권리를 실행한다.

김영하 원작소설의 영화 〈나는 나를 파괴할 권리가 있다(2003)〉에서는 인간이 죽음을 선택할 권리가 있다고 주장한다. 자살 안내인(정보석 분)은 살인청부업자가 아니라 의뢰인의 심정을 헤아리고 고통을 덜어주는 인도주의자로 해석되고 있다. 환자가 자신의 죽음에 대해 결정할 권리가 있다면, 의사조력자살(Physician Assisted Suicide, PAS)은 의사가 환자의 선택을 존중하는 것이다(김상득, 2000: 297). 의사조력자살이란 죽임을 당하는 환자가 자신의 의사를 분명히 표현하는 것으로 극약을 먹이거나 주사하는 적극적 안락사를 의미한다. 의사조력자살이란 인간이 자신의 죽음을 선택할 수 있는 주체로서 의사의 도움을 얻을 수 있다고 생각하는 것이다(권복규, 김현철, 2005: 108).

미국 미시간 주의 의사 잭 케보키언(Jack Kevorkian)[6]은 의사조력자살을 실행했다. 이러한 그의 행동은 생명에 관한 인간의 개입과 환자의 고통완화를 위한 결정이라는 안락사 찬반논쟁을 일으켰다.[7] 그러나 케보키언의 자비로운 도움으로 죽은 사람 중 세 명은 아무런 병도 앓지 않은 것이 나중에 알려졌기 때문에 경악을 금치 못했다(임종식·구인회, 2000: 289). 여기서 관심을 가져야 할 사항은 케보키언의 의사조력자살의 고객이자 주요 피해자가 여성이었다는 점이다.[8] 울프는 사회문화적 차원에서 희생과 자기희생에 관한 여성의 이미지가 여성의 죽음 선택에 영향을 주었다고 해석한다(Wolf, 1996). 그녀는 미국 내의 의사조력자살이나 안락사의 합법화 논쟁에서 여성들이 소외되어왔고, 건강 지위 등의 보험 상태나 인종, 계층과 관련해서 여성환자의 상황과 경험을 이해하는

---

6) "……잭 케보키언이 3일 오전 2시 30분께(현지시각) 83세의 나이로 사망했다고 보도했다. 130여 명의 안락사를 도와 2급 살인죄로 8년 6개월간 교도소에서 복역한 잭 케보키언은 최근 폐렴과 신장 이상 등으로 병원에 입원했던 것으로 알려졌다. 잭 케보키언은 미시간대 의대 재학시절, 사형수들을 상대로 마취제로 사형당할 수 있는 선택권을 준 뒤 시신을 의료 해부용으로 사용하고 장기를 활용하자고 제안했다. 이후 1990년부터 1998년까지 약 130여 명의 환자들을 안락사시켜 결국 징역 25년을 선고받았다. 하지만 복역 도중 안락사를 더 이상 돕지 않겠다는 조건으로 8년 6개월간 복역한 후 2007년 가석방됐다(≪매일경제≫, 2011년 6월 4일 자)."

7) "케보키언은 자신이 고안한 머시트론(mercitron)으로 환자들의 죽음을 도와주었다. 머시트론이란 환자에게 정맥주사로 식염수를, 티오펜탈이라는 마취제를 주사하면 환자가 의식을 잃은 상태에서 염화칼륨이 주입되어 심장이 멎도록 하는 기계를 말한다. 케보키언은 1998년 8월 루게릭병의 환자에게 독극물을 주사해서 안락사를 시키는 장면을 비디오로 촬영했고, 같은 해 11월 CBS 방송의 '60분'이라는 시사프로그램에서 이 비디오를 방송했다. 그는 1990년부터 130명의 안락사를 도왔지만 4번의 재판에서 무죄판결을 받아 처벌되지 않다가 결국 2급 살인죄가 적용되어 복역했다(≪동아일보≫, 2004년 11월 21일 자; ≪한국일보≫, 2001년 4월 24일 자; ≪부산일보≫, 2005년 4월 11일)."

8) 하버드대의 정신과 의사들은 케보키언에게 도움을 요청한 환자들의 2/3 또는 3/4이 여성환자였다고 보고한다(Wolf, 1996).

생의 윤리학적 접근이 없었다고 비판한다. 또한 울프는, 의사가 여성환자의 "죽고 싶다"는 말을 그대로 받아들여 의사조력자살을 시행했다면 환자의 말을 잘못 해석한 것이라고 비판한다. 여성들은 질병, 장애, 연령의 층위에서 사회구조적으로 취약한 성차별 사회에 살고 있으므로, 안락사에서 여성환자의 동의를 여성의 진정한 목소리로 해석할 수 있는가에 대해 의문을 제기할 수 있다. 울프의 논의는 여성환자가 의사에게 "제발 죽여달라"고 요구한다 하더라도, 그 목소리는 죽고 싶다는 것이 아니라 내면화된 자기희생을 반영한다고 역설한다. 여성들이 남성들만큼 적절하게 치료받을 수 있는 상황이라면 절대로 죽고 싶다는 말을 하지 않는다는 것이다.

여성의 동의가 자기희생에 내면화된 결과라는 사실은 부비아의 사례에서 잘 나타난다. 그러나 그녀가 음식중단을 원했다고 해서 진정으로 죽음을 원했는가에 대해서는 알 수 없다. 부비아가 장애여성, 이혼녀로서 경험한 차별은 죽음 결정에 커다란 영향을 미쳤기 때문이다.

> 1983년 26세 부비아는 캘리포니아 리버사이드 종합병원에 입원하여 위생상의 배려와 진통제는 받아들이겠으나 음식을 강요하지 말라고 병원 측에 요청한다. 사지가 마비된 상태로 태어난 그녀는 변형성 신경통까지 겹쳐 육체적 고통뿐 아니라 우울증까지 나타났다. 선천성 뇌성마비였던 그녀는 부모가 이혼하고 돌보지 않아 병원에서 혼자 살아왔다. 주정부 보조금을 받아 대학에서 사회사업을 전공했고 직업도 갖고 결혼도 했으나 임신 후 유산하고 남편과 이혼했다. 그녀는 실의에 빠져 자살을 원해 굶기로 결심했다. 병원 측은 법원에 문의한 결과 급식을 중단해서는 안 된다는 판결을 받고 음식을 거부하는 그녀와 병원 측의 강제적인 의료행위는 많은 논란을 낳았다. 결국 강제적이고 비인간적인 치료를 거부하는 것은 환자의 권리행사이며 판단능력이 있고 지각 있는 환자의 진료 거부

의사를 존중하는 데는 형사적·민사적 책임이 따르지 않는다고 결론을
내렸다(한국의료윤리교육학회 편, 2001: 295).

　울프는 여성들이 가부장제의 타자로서 억압을 경험한 피해자로서 허
위의식에 젖어 있으므로 자신을 위한 결정을 내릴 수 없다고 주장한다
(Wolf, 1996). 여성들은 자신을 위해 결정한다고 말하지만 자기희생의
이미지를 내면화함으로써 그 결정에는 제약이 따른다. 이것은 여성의
'자율적' 선택이 무엇인지 회의하게 하고 여성들에게 이에 대한 책임을
부과하기도 어렵다는 것이다. 여성들은 가족 내에서 자녀와 남편을 배려
하고 관계성을 중시하며 타자가 상처받지 않는 범위 안에서 타자를 배려
하고 타자를 위해 선택해왔다는 것이다. 이러한 상황에서 여성들은 본인
의 욕구보다 가족의 입장을 고려해서 선택하면서도 자신을 위해 선택한
다고 혼동하는 것이다. 따라서 울프는, 의사가 "죽고 싶다"는 여성들의
목소리를 환자의 고통을 덜어달라는 의미로 해석하고 죽음을 도와주었
다면 "살려달라"는 목소리를 제대로 듣지 못한 것이라고 비판한다. 요컨
대 울프는 안락사에 대한 여성환자의 동의를 의료자원의 접근이 취약한
여성집단에게 정책적으로 지원이 필요한 것으로 해석해야 한다고 역설
한다.

　레이몬드(Raymond, 1999)는 울프가 미국의 의사조력자살 및 안락사
합법화 논쟁에서 여성주의 관점을 도입했다는 점에서 긍정적으로 평가
한다. 그러나 레이몬드는 울프가 모든 여성을 동일시하고 피해자, 타자
로서 배치함으로써 여성의 다양한 목소리를 지워버린다고 비판한다. 안
락사도 젠더와 함께 계층, 인종, 성적 지향, 연령 등의 층위를 고려해서

여성의 행위성을 드러내야 한다는 것이다. 레이몬드는 남성중심 사회에서 타자인 여성이 피해자로서 자리매김될 때 변화와 저항의 행위성을 드러낼 수 없다는 점을 비판한다. 남성 지배와 여성 종속의 상황에서 여성들은 어떠한 결정도 할 수 없는 무력한 존재가 아니다. 이것은 죽음의 결정에서도 여성이 의존적 존재가 아니라는 것을 암시한다. 레이몬드는 여성들의 죽음 선택을 죄의식이나 희생으로 설명하는 것이 이들의 행위성을 부정하고 목소리를 지운다고 역설한다. 여성들이 의료자원에 접근하기 어렵기 때문에 죽음을 선택한다면 자신을 위한 최선의 결정을 했다고 해석할 수 있다. 레이몬드는 여성환자가 자기희생을 위한 이미지를 내면화했다면 의사조력자살을 요청하기보다 죽음에 이르는 고통을 참아내야 했다고 주장한다.

한편 레이몬드는 남성중심 사회에서 '죽고 싶다'는 여성환자의 결정이 존중되지 않았다고 비판한다. 의사가 안락사를 원하는 남성환자의 결정을 존중한 반면, 여성환자의 결정을 존중하지 않았기 때문에 여성환자는 역설적으로 많이 살아남았다. 마틴(Martin, 2003)은 레이몬드의 입장에 동의하면서 여성환자가 의사를 표현할 때 남성환자의 의견보다 미성숙하고 비이성적으로 다뤄지는 현실을 비판한다. 마틴은 의사가 환자에게 최선이라고 생각되는 결정을 제공할 수 있지만, 여성환자를 미성숙한 인간으로 다룸으로써 죽음 결정에서 여성을 배제할 수 있다고 지적한다.

가부장제 사회에서 여성의 의견은 존중되지 않고, 의사가 전문지식을 가졌기 때문에 환자와 의사의 관계는 평등하지 않다. 이러한 상황에서 남성의사와 여성환자 간에는 위계가 존재하고 여성환자는 의사소통에서 어려움을 겪는다. 이러한 사회문화의 맥락에서 남성의사는 통증을 호소하는 여성환자의 말을 무시하거나 여성환자를 아이처럼 다루면서 여성환자를 힘들게 할 수 있다. 래들리에 따르면, 남성의사들은 여성환자에 대해 불명확한 진단이나 정신병의 진단을 내리기도 했고 여성환자가 남성환자보다 감정적이라고 판단하기도 했다(래들리, 2004: 204-205). 또한 의사는 여성환자의 고통을 제대로 파악하지 못할 때 복잡한 치료를 모두 적용하기도 한다. 이러한 의사소통의 어려움은 진료과정에서 여성환자들의 고통을 배가시킨다. 노인여성이 "온 몸이 다 아프다"고 말할 때 의사들은 이들의 이야기를 이해하지 못함으로써 모든 부위를 눌러보고 초음파를 투과해서 진단을 마친다(조명옥 외, 2003: 137).

근대의학은 환자의 질병에 대해 관찰과 시선을 통해 비밀을 파악하고 객관적인 지식을 생산하는 과정에서 환자의 몸에서 질병을 분리하고 환자의 몸에서 질병이 일어난다는 사실을 간과하면서 환자의 몸을 대상화했다(푸코, 1963). 여성환자는 자신의 몸에서 일어날 내용에 대해 정확히 설명을 듣지 못하고 치료 및 시술에 관한 결정에 적극적으로 참여하지 못했다. 의사가 많은 의학지식을 갖고 있다고 해서 자신을 잘 알고 있는 환자나 그 곁에서 환자의 반응을 민감하게 지켜보는 가족만큼 모든 것을 꿰뚫고 있는 것은 아니다. 의사가 치료과정을 환자와 가족의 상호작용이라고 생각하는 것은 환자의 치료에 도움이 될 수 있다. 또한 여성환자가 의료적 처치로 인해 자신의 몸에서 나타날 현상에 대해 충분히 알 권리를 주장하고 실천에 참여하는 것은 의사와의 상호작용을 원활히 하면서도 몸에 관한 주체성을 확보하게 한다.

4. 여성환자와 대리인으로서 가족의 관계

1) 환자의 이익을 위한 대리인, 치료비를 부담하는 이해당사자

영화 〈밀리언 달러 베이비(2004)〉에서 권투선수 매기(힐러리 스웽크 분)는 챔피언전에서 부상을 당해 전신마비 상태가 되어 여러 번 자살을 시도하지만 실패하고, 가족보다 깊이 믿고 의지하는 트레이너 프랭키(클린트 이스트우드 분)에게 죽여달라고 요청한다. 이 영화는 환자의 고통을 덜어주기 위해 죽음을 도와주는 적극적 안락사의 문제를 다루고 있다. 이 영화는 환자의 의사를 존중하는 것이 고통을 완화시켜주고 환자를 위해 유익한 일이 될 수 있지만, 죽음을 도와줘야 하는 환자의 주변 인물의 윤리적 책임과 심리적 갈등을 다루고 있다. 즉, 이러한 행위는 사랑하는 사람을 떠나보내야 하는 고통과 죄책감을 초래한다. 그러나 이 영화에서는 보살핌과 치료비 부담에 관한 가족의 고통이나 삶의 질을 이야기하지 않았다. 환자와 가족은 치료비나 보살핌을 둘러싼 이해관계에 얽혀 있다. 더욱이 노인, 장애인, 환자의 책임이 공적인 보건의료제도보다 가족에게 부과되는 사회라면, 가족 간의 이해관계는 환자의 치료중단에 영향을 미친다.

2006년 1월 한국에서 6년 동안 동생을 간호하던 김 모 씨는 동생의 요청에 따라 안락사를 도움으로써 징역 3년에 집행유예 4년을 선고받았다. 2006년 1월 9일 ≪SBS-TV 뉴스≫ 보도에 따르면, 1999년 자살을 시도한 동생을 보살피던 김 모 씨는 6년 동안 동생의 치료를 위해 2억 원을 지불했다. 이러한 치료에도 불구하고 동생은 고통 속에서 죽을 것이라는 의사의 말에 좌절했고 형에게 죽여달라고 요청했다. 가족들은 환자를 보살피기 위해 시간을 할애해야 하므로 임금노동의 시간이나 내용을 변경해야 하고 치료비의 부담 때문에 경제적으로 곤란을 겪는다. 가족은 환자와 친밀한 관계에 있고 환자의 최대의 이익에 부합하는 치료 방법을 선택할 수 있지만, 환자와 가족이 이해관계에서 완전히 자유로운 것만은 아니다(Nelson and Nelson, 1995). 환자의 치료비나 재산, 환자를 누가 곁에서 보살필 수 있는가에 따라 가족은 때때로 환자의 치료에 도움이 되지 않는다.

영화 〈마이 시스터즈 키퍼(2009)〉는 언니(소피아 바실리에바 분)의 백혈병을 개선하기 위해 맞춤형 아기로 태어난 여동생(아비게일 브레스린 분)의 권리에 대해 다루고 있다. 여동생은 언니의 치료를 위해 자신의 신체를 공여하고 싶어 하지 않으면서 변호사를 찾아간다. 가족이 아픈 경우 다른 가족이 환자의 생명을 위해 기증을 당연한 것으로 인식하기 때문에 자신의 몸에 대한 결정권을 주장하기 힘들다.

환자가 의식이 없는 경우 의사는 최선의 이익이 무엇인지 고려해서 환자를 위해 의사를 표현할 수 있는 대리인에게 판단을 맡기는 '대리판단표준'에 따라 결정한다(한국의료윤리교육학회 편, 2001: 304-5). 대리인의 선정부터 의식이 없는 환자가 판단을 따르는 것에 대해 논란이 없는 것은 아니다. 안락사가 환자의 의식이 없는 상태에서 가족의 결정으로 이루어진다면, 이러한 판단은 환자의 의사에 반하는 것일 수 있다. 그러나 환자가 의식이 있다 하더라도 치료과정에서 정신적·신체적·심리적으로 허약해진 상태로 합리적으로 판단하기는 어렵다는 가정에서 가족은 환자의 결정을 존중하지 않거나 다른 결정을 내릴 수도 있다. 의식이 없는 경우 환자와 친밀한 관계로 간주되는 가족의 의견이 반영될 수 있지만, 가족이 환자의 의사를 대변할 수 있는가에 대해서는 많은 논란이 예상된다.

2) 대리인의 선택과 여성환자의 인권유린

가족이 여성환자의 대리인으로서 치료중단을 결정할 때, 그 여성이 진정으로 무엇을 원했고 환자의 의사를 충분히 대변했는가는 알 수 없다. 부모가 딸을 위해 결정을 내려야 하는 상황과 남편이 아내를 위해 결정을 내리는 상황은 다른 지점에 있다. 아내인 여성은 가족을 보살피지만, 아내는 남편에게 충분히 보살핌을 받지 못하거나 그것을 기대하지 않는다. 이러한 상황은 여성환자의 죽음 결정에서 취약한 현실을 반영한다.

(1) '사랑의 이름'과 여성의 죽음

남편이 아플 때 장기간 심각한 상태이거나 회복되지 않는다 하더라도, 남편을 보살피는 것은 아내역할이다. 그러나 반대의 상황이 되었을 때 남편이 아내를 보살피는 것이 반드시 남편의 역할은 아니다. 텔레비전 드라마 〈가을 소나기(2005)〉, 〈진짜 진짜 좋아해(2006)〉에서는 치유될 수 없는 병든 아내를 몇 년 동안 극진히 보살핀 남편들(오지호 분, 류진 분)이 등장한다. 〈가을 소나기〉의 아내(김소연 분)는 신혼여행길에 교통

사고를 당해 식물인간이 되었고, 〈진짜 진짜 좋아해〉의 아내(정소영 분)
는 치매에 걸렸다. 주위 사람들은 '착한' 남편에게 이제 그만하면 됐으
니 이혼하고 새로운 삶을 찾으라고 권유한다. 결국 남편들은 심리적 갈
등을 겪다가 다른 여성과 사랑에 빠진다. 그러나 드라마는 보살핌으로
지친 남편에게 연민 어린 시선을 보내고 그들의 행동을 비난하지 않는
다. 또 하나 간과되는 것은 남편들이 아픈 아내를 보살폈다고 하지만,
실제로 보살피는 사람은 남편이 아니라는 점이다. 아내를 보살피는 사람
은 아내의 어머니, 자매 또는 유급 간병인으로서 모두 여성이다. 이와
같이 아내에게는 과도한 보살핌을 강조하지만 남편은 이혼하지 않는 것
만으로도 좋은 남자로 인식된다.

　다음의 신문기사는 아내의 안락사를 다루고 있다. 남편의 보살핌을
기대하지 않는 상황에서 적극적인 안락사는 아내에 대한 사랑으로 해석
되고 동정심을 자아낸다.

> 44세 마리엘 울은 척추신경이 파괴되는 선천성 희귀질환을 앓았다. 13
> 년 동안 마리엘을 보살펴온 남편은 플라스틱 가방으로 아내가 질식사하
> 는 것을 도왔다. 마리엘의 형제자매들은 마리엘이 죽고 싶어 했다고 주장
> 하면서 남편 앙드레의 처벌에 반대하고 있다. 이 사건은 캐나다에서 안락
> 사의 합법화 논쟁을 불러일으켰다(≪연합뉴스≫, 2005년 7월 13일 자).

> 미국 텍사스 주 댈러스의 주택에서 83세의 메리 로버슨은 남편 제임스
> 로버슨의 총에 맞아 숨졌다. 폐암을 앓고 있는 제임스는 자신이 죽게 될
> 경우 1991년부터 중풍을 앓아온 메리를 보살필 사람이 없고, 결국 요양
> 원에 보내질 것을 아내가 원치 않기 때문에 이러한 결정을 내렸다고 한
> 다(≪오마이뉴스≫, 2006년 5월 1일 자).

마리엘의 사례는 남편이 아내의 죽음을 도와 적극적 안락사를 실행한 것이다. 남편은 아내를 위한다는 명목으로 아내를 질식해서 죽게 했지만 아내가 과연 죽음을 원했는지는 확신할 수 없다. 사회적 차원에서 희귀 질환자들의 치료에 관심을 갖고 치료비의 지원이나 신약개발에 투자했다면 마리엘의 자존감은 저하되지 않았을 것이고 마리엘은 죽음보다 삶을 선택했을 것이다. 희귀질환자에 대한 사회적 무관심은 개별가족 안에서 치료비나 보살핌에 관한 비용을 부담하는 것을 힘들게 했다. 하지만 이해관계에서 자유로울 수 없는 남편이나 형제자매들은 마리엘의 안락사를 찬성하게 되었다.

그러나 가족이 안락사를 원했다고 해서 마리엘에게 안락사가 최선의 선택이었다고 말할 수는 없다. 마리엘의 사례는 남성보다 경제적 자원에 관한 접근이 어려운 여성들이 유사한 상황에서 치료받지 못하고 생명의 위협을 당할 수 있음을 보여준다.

메리 로버슨의 사례는 폐암에 걸린 남편이 더 이상 중풍에 걸린 아내를 보살필 수 없어 아내를 살해한 사건을 '남편의 지극한 사랑'과 책임으로 해석한다. 신문기사는 부부관계가 좋았던 사실을 강조한다. 또한 메리가 요양원에 가기보다 남편과 함께 죽고 싶어 했다고 해석한다. 사람들은 메리의 사례를 통해서 가족이 없는 상황에서 죽음을 선택하는 것이 당사자에게 최선의 결정이라고 주장한다. 그러나 그녀가 요양원에서 충분히 보살핌을 받을 수 있다면 죽음을 선택하지 않을 수도 있다는 사실을 간과한다. 또한 그녀가 진정으로 원한 것이 무엇이었는지 그녀의 의사는 무시되고 있다.

남편이 아내를 사랑해서 안락사를 정당화하는 것이 아니라, 남편이 아내를 사랑하지 않는 경우라면 심각한 사태를 예측할 수 있다. 남편이 아내를 부담스러워한다면 어떤 상황이 일어날지 쉽게 짐작할 수 있다. 다음의 사례는 가족의 이름으로 간과되는 폭력과 인권유린의 사각지대로서 가족의 영역을 성찰하게 한다.

> 자궁외임신으로 수술을 받은 32세의 여성환자는 수술 후 마취에서 깨어나지 못하고 혼수상태에 빠졌고 환자의 남편은 병원의 과실을 이유로 보상금을 요구해서 받았다. 환자는 두 달간 치료를 받으며 식물인간으로 살았고 환자의 남편은 의사에게 치료 중단을 요청했다(한국의료윤리교육학회 편, 2001: 295).

이 사례에서 여성환자의 남편은 대리인으로서 아내의 치료 중단을 요청했다. 환자가 남편이었다면, 대리인이 두 달간의 치료 끝에 안락사를 요청하지는 않는다. 식물인간이 된 남편을 몇십 년간 보살피는 것은 아내의 의무이지만 두 달 동안의 남편의 간병은 너무나 짧은 기간이다. 남편이 아내의 죽음을 빨리 결정한 것은 상황이 호전되지 않을 것을 전제한다. 아내의 대리인으로서 남편을 선정한 것은 아내에게 이익이 되지 않는다.

2005년 안락사 논쟁이 점화된 미국의 테리 샤이보 사건은 이러한 문제점을 가시화했다. 남편 마이클은 테리가 불임치료 과정에서 식물인간이 되었다는 점을 인정받기 위해 병원과 의료소송을 벌여 100만 달러의 보상금을 받아냈다. 그리고 이 보상금 중에서 30만 달러를 챙겼다. 테리의 부모는 딸의 대리인으로서 사위 마이클의 권한을 빼앗기 위해 이혼소송을 제기했지만 결국 패소했다. 한편 미국 플로리다 주 법원은 테리의 리빙윌(living will)을 인정했고 튜브를 통한 급식을 중단하라고 결정했다. 리빙윌은 사망선택 유언 또는 생전 유언이라 한다. 즉, 환자가 사고나 질병으로 의식이 없는 상태에 있을 때 자신이 원하지 않는 치료나 생명연장을 하지 못하도록 미리 유언을 써놓으면 죽음 결정에서 이것은 법적 근거가 되는 것이다. 테리가 혼수상태에 빠지기 전에 식물인간이 되면 죽음을 선택하겠다고 의사를 표현했다는 점에서 법원은 친정부모가 아닌 남편의 손을 들어주었다. 또한 테리의 사후 부검 결과 뇌손상이 심각했으므로 마이클의 결정이 옳았다고 지지하는 의견도 있다(≪서울신문≫, 2005년 6월 17일 자; ≪한국일보≫, 2005년 6월 16일 자).

그러나 마이클은 테리가 죽은 지 10개월 만에 재혼했고, 테리가 식물인간 상태에 있을 때부터 이미 그 여성과 동거해서 두 명의 아이까지 낳은 것으로 알려져 충격을 주었다(≪국민일보≫, 2006년 1월 23일 자). 이러한 사실은 테리의 대리인으로서 마이클이 테리의 리빙윌에 근거해서 결정했다고 하지만, 과연 이러한 결정이 진정으로 테리를 위한 것인지, 본인의 이해를 위한 것인지 알 수 없다. 친정부모가 테리의 대리인으로 인정되었거나 테리가 아내가 아니고 남편의 위치였다면 테리의 죽음 결정은 확연히 달라졌을 것이다.

한편 영국에서는 남편이 아내의 안락사를 도와 자살여행을 떠나게 한 것을 처벌하지 않는다는 판결이 나와 화제가 되었다. 영국의 법에 따르면, 남편이 아내의 죽음을 도울 때 14년간 처벌을 받게 함으로써 안락사는 금지되었다(≪동아일보≫, 2002년 4월 30일 자). 그러나 영국의 법원은 소뇌기능장애 진단을 받은 영국 여성이 남편의 도움을 얻어 2004년 11월 30일 스위스 병원에서 안락사로 숨졌지만 남편을 처벌하지 않는다는 판결을 내렸다(≪연합뉴스≫, 2004년 12월 5일 자). 이러한 결정은 남편이 아픈 아내의 고통을 줄이기 위해 죽음을 도와줄 수 있는 반면, 남편의 이해관계에 따라 악용될 가능성도 배제할 수 없다.

(2) 모성신화와 여성의 죽을 권리

생명의 무리한 연장을 반대하는 경우에 대해서도 문제가 제기될 수 있다. 수전 토러스의 남편은 아내의 대리인으로서 생명을 연장하는 결정을 내렸다. 그것은 수전을 위한 것이 아니라 뱃속에 있는 태아의 생명을 위한 것이다.

> 임신 중인 수전은 저녁 식사 도중 갑자기 쓰러졌고 뇌사판정을 받았다. 의사는 아이를 위한 수전의 생명 연장에 반대했지만, 남편 제이슨은 가톨릭 신자인 아내가 의식이 있다면 생명연장에 동의했을 거라고 설득했고 하루 7,500달러의 엄청난 입원비를 감수하면서 아내의 생명을 연장시켜 임신 21주 만에 제왕절개로 딸을 낳게 했다. 그리고 수전이 아이를 낳은 후에 생명유지 장치를 떼어냈다. 수전은 뇌사상태에서 아이를 낳기 위해 석 달을 더 살았고 아이를 낳은 후 세상을 떠났다(≪문화일보≫, 2005년 8월 4일 자).

대리인인 남편 제이슨의 판단에 따라 수전은 아이를 낳기 위해 생명이 연장되기를 원했다고 인정되었다. 그러나 남편의 판단이 수전의 의사를 진정으로 대변했는가에 대해서는 의문이다. 세계의 언론은 죽음을 넘어서서 모성의 위대함을 보여준 수전을 극찬했지만, 생명을 무리하게 연장하면서까지 아이를 낳게 한 결정이 과연 그녀가 원한 일인지에 대해서는 의문을 갖지 않을 수 없다. 리치(Rich, 1995)는 가부장제 사회에서 모성이 강요되는 한 여성이 모성의 진정한 기쁨을 누릴 수 없다고 말했다. 즉, 여성에게 강요된 '제도화된 모성'은 아이와의 관계 속에서 깊이 교감하는 '경험으로서의 모성'의 기쁨을 누릴 수 없다. 어머니가 어떠한 상황, 자신의 생명이 위협받는 상황 속에서도 아이를 위해 희생해야 하고 그것을 숭고한 행위로 해석하는 사회에서, 수전은 죽음에 이르러서도 모성을 수행하기 위해 생명을 연장해야 했다. 한 여성에게 죽을 권리조차 빼앗고 아이를 위해 살아 있으라고 한 것은 인간으로서 존엄성을 훼손하는 일이 아닐 수 있다. 대리인으로서 남편의 판단은 수전이 진정으로 원한 것이라기보다 남성중심 사회가 만들어낸 모성신화의 혐의를 지울 수 없다.

3) 죽음 결정에서 노인여성의 행위성

노인여성이 나이들어 거동이 불편해져서 남몰래 곡기를 끊는 행위는 공공연히 이루어져왔다. 이러한 죽음은 노인여성이 가족을 보살피며 살아왔음에도 불구하고 보살핌이 필요할 때에 적절한 보살핌을 받지 못하고 의료비 부담이나 치료에 취약한 여성의 현실을 드러낸다. 가족의 보살핌이나 의료자원의 접근에 불리한 집단으로서 노인여성은 가족의 이해관계에 따라 학대나 죽음의 위기에 노출되어 있다.

다음의 사례는 노인여성환자의 고통에 대한 호소와 죽을 권리를 강조하고 있으나 이러한 요구가 어머니를 보살펴야 하는 자녀의 고통을 해소하기 위한 것인지, 죽기를 바라는 노인여성의 의지인지 명확하지 않다.

캐나다 브리티시컬럼비아(BC) 주의 한 부부가 의사의 도움을 받는 존엄
사를 합법화해달라는 소송을 BC 주 고등법원에 제기했다고 CBC 방송
이 26일 전했다. 지난해 난치병을 앓는 노모(89)의 존엄사를 위해 스위
스를 찾았던 리 카터 씨 부부는 이날 제기한 소에서 같은 행위를 범죄로
규정한 캐나다 법규는 반헌법적이라며 정신적 판단력을 유지하는 중증
불치병 환자에게 의사의 도움을 받아 죽을 권리를 허용할 것을 요구했다.
카터는 모친이 척추협착증으로 휠체어에서 만성통증에 시달리면서 존엄
사를 택할 결심을 했다면서 자신의 목숨을 끊기 위해 의술의 도움을 받
는 것을 금지하는 법은 개인의 육체적·정서적·심리적 존엄성을 부정
하는 것이라고 주장했다. 이 소송에는 BC 민권협회와 빅토리아 시의 한
가정도 원고로 참여하고 있다. 캐나다에서는 자살에 대한 상담, 또는
도움을 주거나 교사하는 행위를 불법으로 규정하고 있으며, 이를 어긴 행
위에 대해 최고 14년의 징역형에 처할 수 있다. 의사 조력 자살은 현재
미국의 오리건 주와 워싱턴 주, 스위스, 벨기에, 룩셈부르크, 네덜란드 등
에서 합법화되어 있다(≪쿠키뉴스≫, 2011년 4월 27일 자).

여성환자가 노인이라는 점은 치료중단에서 연령과 성의 위치에서 주
변화되어 있음을 보여준다. 나이듦에서 죽음에 이르는 보살핌은 회복 불
가능한 사람에게 사회가 시간과 비용을 투자하는 것이 비효율적이고 비
생산적이라는 편견이 존재하기 때문이다. 한정된 의료자원의 분배에서
치료가능한 사람들에게 자원이 제공되는 것이 더 효율적이라는 논의들
이 있다. 하지만 사회구조에 취약한 집단에 대한 치료를 중단함으로써
폭력이나 차별이 은폐될 수 있다. 가족의 이해관계에 따라 가장 취약한
구성원의 죽음이 결정되는 인권유린을 막기 위해서는 법적 제재와 함께
국가, 지역사회 차원의 의료 및 보살핌의 지원이 요청된다.

다음의 사례는 노인남성이 자녀에게 짐이 될까 봐 아내를 살해하고 자살한 사건을 다루고 있다. 이 기사는 노인남성이 아내와 동반자살 할 만큼 암울한 노인 보살핌의 심각성을 드러낸다. 노인남성이 죽음을 주체적으로 결정하는 반면, 노인여성은 수동적이고 소극적으로 결정한다.

> 자식들에게 짐이 된다며 80대 할아버지가 아내를 숨지게 한 뒤 음독자살을 기도했습니다. 여든 살 이 모 할머니가 숨진 채 발견된 것은 어제 14일 저녁 6시 반쯤. 곁에서는 남편 85살 이 모 할아버지가 극약을 먹고 신음하고 있었습니다. 할아버지 곁에는 '우리 두 사람은 아무것도 못하고 부모 역할도 못해갈 것 같다'며 섭섭하지만 용서해달라고 쓰인 유서가 놓여 있었습니다(≪SBS-TV 뉴스≫, 2004년 12월 15일 자).

위의 사례에서 노인남성은 끝까지 아내를 책임져야 하는 존재로 부각되고 있다. 반면에 노인여성은 죽음과 같은 중대한 결정에도 남편의 의견에 묵묵히 따라야 하는 존재로 재현된다. 노인여성이 죽음에 찬성하고 반대했는지는 관심의 대상이 아니다. 또한 노인여성의 죽음이 남편의 결정에 동의한 것인지 남편의 강압에 의해 어쩔 수 없는 상황이었는지도 알 수 없다. 자녀에 대한 사랑과 부모의 자존심을 강조하는 이면에서 노인여성은 침묵하고 있다. 그녀가 어떤 생각을 하고 있었는지는 중요하지 않다. 그러나 노인여성의 의사를 정확히 읽어내고 의사를 파악해야 한다.

한편 노인여성을 가부장제의 피해자로만 파악하고 이들에게 결정할 권리를 부여하지 않는 점에 대해 재고해야 한다. 노인여성들은 연상인 남편이나 노부모를 간병하는 과정에서 자신의 죽음을 준비하고 계획하는 시간을 갖는다.

남편을 먼저 떠나보낸 채 수년간 (영국) 노퍽 주에서 홀로 살고 있는 톰킨스 할머니(81세)는 "회복할 가망이 없는 환자의 죽을 권리를 인정하자는 의미"라고 설명하면서 "이미 유언으로 남겼지만 혹시나 하는 마음에 문신으로 다시 의지를 써넣은 것"이라고 말했다. 할머니는 최근 지인을 통해 총 3개의 문신을 새겼다. 먼저 등에는 화살표와 함께 '뒷면을 보시오'란 의미의 'PTO'란 단어를 썼다. 가슴팍에는 "소생시키지 말아달라(Do Not Resuscitate)"는 경고를 새겨 넣었다. 할머니의 결심에 가장 큰 계기가 된 건 남편의 죽음이었다. 오랜 투병생활 끝에 고통스럽게 숨진 남편 말콤을 바로 옆에서 지켜보면서 톰킨스 할머니는 "반쯤 죽은 뒤 고통스럽게 스러지며 가족에 '혹'이 되는 것보다 자연스럽게 죽음을 받아들이는 게 더 행복할 것"이라고 소신을 밝혔다(≪서울신문≫. 2011년 9월 9일 자).

이러한 관점에서 여성들의 죽음을 원하는 행위를 고통의 중단을 위한 불가피한 선택으로 해석할 수만은 없다. 이것은 자신을 위한 최선의 선택이면서 의료권력에 대한 저항이다.

더욱이 노인여성의 곡기를 끊는 행위는 가부장제의 자기희생에 길들여진 피해자의 무권력한 선택으로 과소평가되어서는 안 된다. 이러한 판단은 자원이 없는 노인여성이 가족에게 폐를 끼치지 않기 위한 것이지만, 무의미한 치료에 의해 인간으로서 품위가 훼손된 상태에서 죽고 싶지 않다는 최선의 선택이기 때문이다. 한편 이러한 결정은 생태주의의 죽음과도 연관된다. 생태주의자로 유명한 스콧 니어링과 헬렌 니어링 부부는 병원이나 양로원의 침상에서 낯선 사람들의 보살핌 속에서 죽어가는 것을 불행하다고 생각했다. 그들은 의료제도를 거부하고 딱딱한 음식을 먹지 않고 지붕이 없는 자연 속에서 약물의 도움 없이 죽음의 과정을 예민하게 느끼면서 죽어가는 방식을 선택했다(니어링 1997: 232). 이와 같이 죽음을 선택하고 존엄성을 유지하려는 희망은 의료기술에 의한 생명연장과 일치하지 않을 수 있다. 이러한 점에서 곡기를 끊는 것은 무의미한 치료연장이라는 의료권력에 저항하면서 의료환경을 변화시키는 여성의 행위성을 보여준다. 노인여성은 의료접근에 취약한 집단으로서 의료서비스에서 배제되었지만, 역설적으로 의학의 무리한 생명연장으로 고통받지 않음으로써 죽을 권리를 확보할 수 있었다.

여성환자가 피해자가 아니라 죽음을 결정할 수 있는 행위자로서 자신의 위치를 드러내는 것은 중요하다. 여성환자가 가부장제의 고통과 희생의 이미지에 길들여진 피해자에서 벗어나 스스로의 위치를 자리매김하고 의사와 가족과의 불평등한 권력관계 속에서도 협상할 수 있는 공간을 확보하는 과정은 여성의 행위성을 보여준다.

5. 안락사에서 여성환자의 의사결정권 확보를 위한 대안

한때 이 병원에서 간호사로 근무했던 샨바우그는 1973년 11월 야간근무 도중 입원 중이던 변태 성욕자에게 폭행을 당했다. 당시 가해자는 개줄로 샨바우그의 목을 졸랐다. 이로 인해 일시적으로 뇌에 산소 공급이 중단되면서 샨바우그는 식물인간이 됐다. 샨바우그는 이후 병원 동료들의 보호 속에 36년이나 병상에서 연명치료를 받았다. …… 그러나 오랜 기다림에도 회복이 불가능하다는 의료진의 진단을 받은 샨바우그는 절친한 친구를 통해 더 이상 비참한 삶을 이어가고 싶지 않다는 뜻을 밝혔고 결국 그의 친구는 법원에 강제 영양공급 중단을 허용해달라는 청원서를 제출했다. …… 대법원은 일단 중앙정부와 마하라슈트라 주정부 및 경찰 등의 의견을 청취한 뒤 산바우그의 청원의 가치를 판단하겠다는 입장을 밝혔다(≪헤럴드생생뉴스≫, 2009년 12월 17일 자).

여성은 가부장제하의 의료자원의 접근에서 불리한 조건을 갖고 있다. 그러나 여성이 죽음을 결정할 때 침묵하게 하는 조건들을 찾아내고 의사 결정권을 확보함으로써 다양한 대안을 모색할 수 있다.

첫째, 여성은 의식이 없는 상태에 자신이 원하지 않는 방식으로 치료를 받지 않거나 존엄사를 주장하기 위해 리빙윌을 선택할 수 있다. 리빙윌은 환자가 사고나 질병으로 돌발적으로 일어날 상황에 대비해서 의식이 있는 상태에서 입장을 표명해놓음으로써 대리인이 환자의 의사에 반하는 결정을 하지 못하게 하는 것이다. 예를 들면 의식이 없을 때를 대비해서 심폐소생술에 대한 입장을 밝히는 것이다. 심폐소생술은 멈추었던 심장을 다시 뛰게 할 수 있지만 환자가 죽은 후에 늑골 골절을 일으킴으로써 환자가 아픔을 느끼지 못한다 하더라도, 죽은 환자에게 고통을 줄 수 있다(한국의료윤리교육학회 편, 2001: 304-305). 이러한 점에서 심폐소생술에 관한 리빙윌은 의식이 없을 때 환자의 의사를 존중해서 의료적 처치를 결정하는 데에 도움을 준다.

그러나 리빙윌에 근거한 판단에서 불확실성이 완전히 해소되는 것은 아니다. 테리 시아보나 수전 토러스의 사례는 환자의 리빙윌을 근거로 대리인인 남편의 의견을 존중해주었다. 이러한 경우 환자의 평소 행동이나 말이 리빙윌로 인정되지만 환자의 의사가 왜곡될 가능성도 적지 않다. 그럼에도 리빙윌은 본인이 죽음의 방식을 계획하고 문서화함으로써 법적 효력을 갖는다. 다음의 사례는 의식 없는 환자의 리빙윌을 인정해서 죽을 권리를 인정한 예다.

독일의 연방 대법원이 25일(현지시각) 생명 유지장치에 의존한 불치병 말기 환자는 원하면 죽을 수 있는 권리를 가져야 한다고 판결했다고 AP 통신과 BBC 방송 등이 보도했다. 안락사 논쟁에 대해 세계 각국이 논쟁을 벌이고 있는 가운데 독일 사법당국은 이를 허용하는 역사적인 판결을 내린 셈이다. 이번 사건은 지난 2002년 70세의 한 할머니가 뇌출혈로 혼수상태에 빠지기 전 딸에게 인위적으로 생명을 연장하고 싶지 않다는 뜻을 구두로 밝혔고 딸은 어머니가 식물인간이 된 지 5년 만에 변호사의 조언에 따라 어머니의 영양공급 튜브를 잘라냈다. 이에 의료진들은 다시 튜브를 연결시켰으나 이 할머니는 2주 후 세상을 떠났고 딸과 변호사는 살인미수 혐의로 기소됐다. 지방법원은 딸에게는 무죄, 변호사인 볼프강 푸츠에게는 징역 9개월에 집행유예를 선고했고 그러자 푸츠 변호사가 항소하면서 이번 소송이 화제가 됐다(≪헤럴드생생뉴스≫, 2010년 6월 26일 자).

의사는 환자가 의식이 없다 하더라도 리빙윌에 근거해서 치료중단이나 생명연장을 결정할 수 있다. 남성중심사회에서 주변화된 집단인 여성들이 죽음 결정에서 자신의 의사를 표시한다는 점에서 리빙윌은 의료권력에 저항하고 협상할 수 있는 대안이 된다.

둘째, 여성환자는 병원에서 무의미한 치료를 받으면서 생명을 연장시키기보다 집에서 죽음을 준비할 수 있다. 성별분업의 구도하에서 여성에게 집은 보살핌을 받을 수 없는 장소이고 일터이지만 여성에게 중요한 의미를 지닌 곳이다. 여성환자는 딱딱한 병원의 침상에서 의료장치에 의존해서 생명을 연장하기보다 자신이 살던 집에서 조용히 죽음을 맞이하고 싶어 하는 바람이 더 강할 수 있다. 그러한 점에서 호스피스(hospice)

제도는 여성환자가 치료를 중단하고 죽음을 맞이하려 할 때 죽음에 대한 두려움을 완화시켜 주는 데에 도움이 될 수 있다. 호스피스는 말기환자의 삶의 질을 높이면서 죽음을 도와주는 완화의학(palliative medicine)으로서 말기 환자의 통증 및 합병증의 조절과 임종까지 보살핌을 의미하며, 호스피스는 죽음에 가까이 있는 환자를 보살필 뿐 아니라 환자 가족에게도 죽음을 준비하도록 도와준다(한국의료윤리교육학회 편, 2001: 312). 그러나 여성환자가 혼자서 죽음을 맞이하고 싶어 한다면 그 의사를 존중해야 한다. 환자는 자신이 처한 상황을 누구보다 잘 알고 있으므로 자신을 위해 가장 좋은 죽음의 방법을 선택할 가능성이 높다. 여성환자가 죽음을 결정하는 과정은 의사와 가족의 관계에서 자신의 몸에 대한 권리를 확보하기 위한 것이다.

6. 여성 자신을 위한 최선의 선택

이 글은 의학기술에 의해 생명을 연장하는 것이 인간을 행복하게 하고 삶의 질을 향상시킨 것만이 아니라는 문제제기에서 시작했다. 안락사는 환자의 고통을 완화시키지만 환자 및 대리인인 가족이 죽음을 결정하는 데에 심리적·정신적 갈등을 가져온다. 가족이 안락사를 결정하는 것은 죄책감과 이별의 고통을 안겨준다. 그러나 안락사에 따르는 인간적인 갈등과 다르게, 의료비나 유산문제 등으로 가족 간의 이해관계가 충돌하는 경우 환자의 인권유린이 일어날 수 있다. 가족이 자신의 이해에 따라 환자의 의사를 왜곡한다면 환자가 진정으로 원하는 것이 무엇이었는지 잘못 해석할 가능성이 높다. 설령 환자가 의식이 있는 상태에서 안락사에 동의했다 하더라도, 의사는 환자가 원하는 것이 죽음이 아니라 사회적으로 보살핌을 받지 못하는 암울한 현실이 아닌지, 환자의 선택은 그들의 상황에서 어떤 의미를 갖고 있는지 파악해야 한다. 따라서 안락사가 환자의 고통을 해결하기 위한 만병통치약이라고 생각하기 전에 여성들이 충분히 치료받을 수 있도록 사회적으로 지원하는 것이 우선되어야 한다.

여성주의 관점에서 안락사에 관한 찬반 논쟁은 중요하지 않다. 문제의 초점은 여성이 죽음에 관해 결정할 때 자신을 위해 최선의 선택을 해야 한다는 점이다. 여성환자는 사회구조적으로 건강관리와 질병치료를 위한 의료자원에 접근하는 측면에서 주변화된 집단의 구성원이고 가부장제의 피해자로서 해석되어왔다. 의사와 가족은 여성환자의 의사에 반대하면서도 여성환자를 위한다고 주장할 수 있고 죽음 결정에서 여성의 인권유린을 간과할 수 있다.

그러나 여성환자를 피해자로 해석하는 것은 의사와 가족의 위계적인 권력관계 속에 여성이 최선의 선택을 함으로써 의료제도를 변화시킬 수 있다는 행위성을 부정하는 결과를 낳는다. 여성환자는 타자에게 상처를 주지 않으면서도 자신에게 최선의 선택을 하기 위해 노력한다. 여성환자가 죽음을 결정하는 과정은 의사와 가족의 관계에서 완전히 자유로울 수 없다. 또한 여성이 경제적 자원에 어떻게 접근하고 있는가 하는 문제와 남성의사와 여성환자가 소통하는 방식은 성별화된 맥락에서 설명되어야 한다. 전문가로서 남성의사와 의학적 지식이 상대적으로 적은 여성환자의 관계는 평등하지 않다. 의사가 질병에 관한 지식을 갖고 있다는 이유로 환자의 의사는 무시될 수 있다. 또한 가족은 환자의 대리인으로서 환자를 위해 가장 좋은 치료를 받을 수 있게끔 도와주고 최선의 선택을 하게 하는 친밀한 관계이면서도, 이해관계에 따라 환자에게 최악의 결정을 내리면서 폭력을 행사할 수도 있다.

이러한 상황을 고려한다면 여성환자가 죽음을 거론했다 하더라도 고통을 원하지 않는다는 표현으로 해석될 필요가 있다. 따라서 죽음 결정에서 여성환자의 위치에서 그 여성을 둘러싼 사회문화적인 맥락을 역동적으로 드러내는 것은 안락사 연구에서 중요한 문제다. 안락사에서 여성이 처한 관계적이고 구체적인 맥락을 드러내는 것은 죽음 결정에서 여성의 행위성을 보여준다. 침묵해왔던 여성의 목소리를 들리게 하는 것은 죽음 결정에서 타자와의 관계를 고려하면서도 여성 자신을 위한 최선의 선택을 하는 동시에 가부장적 의료환경을 변화시킬 수 있다.

참고문헌

권복규 · 김현철(2005), 『생명윤리와 법』, 서울: 이화여대출판부.

김상득(2000), 『생명의료윤리학』, 서울: 철학과현실사.

니어링, 헬렌(1997), 『아름다운 삶, 사랑 그리고 마무리』, 이석태(역), 서울:
　　보리(Nearing, Helen, *Loving and Leaving the Good Life*, White River
　　Junction, Vt.: Chelsea Green Pub. Co., 1992).

래들리, 알랜(2004), 『질병의 사회심리학』, 조병희 · 전신현(역), 서울: 나
　　남(Radley, Alan, *Making Sense of Illness: the Social Psychology of Health
　　and Disease*, London; Thousand Oaks: Sage: 1994).

러셀, 제프리 버튼(2004), 『마녀의 문화사』, 김은주(역), 서울: 르네상스
　　(Russell, Jeffrey Burton, (A) *History of Witchcraft*, London: Thames &
　　Hudson, 1982).

리치, 아드리엔(2002), 『더 이상 어머니는 없다』, 김인성(역), 서울: 평민사
　　(Rich, Adrienne Cecile, *Of Woman Born*, New York: Norton, 1976).

베슈텔, 기(2004), 『신의 네 여자: 그리스도교 기원 이래 가톨릭교회의 여
　　성 잔혹사』, 전혜정(역), 서울: 여성신문사(Bechtel, Guy, *(Les) Quatre
　　Femme de Dieu*, London: Omnibus Press, 2000).

와츠만, 주디(2001), 『페미니즘과 기술』, 조주현(역), 서울: 당대(Wajcman,
　　Judy, *Feminism Confronts Technology*, Cambridge, UK: Polity Press,
　　1991).

이강민(2003), 「안락사의 형법적 허용한계: 치료 중단과 적극적 살해에 의
　　한 안락사를 중심으로」, 서울: 이화여대 대학원 법학과 석사학위
　　청구논문.

임종식 · 구인회(2000), 『삶과 죽음의 철학』, 서울: 아카넷.

조명옥 외(2003), 「만성 건강문제를 지닌 여성노인의 병 관념」, 『여성건강』,

제4권 2호, 123-149쪽.

파이어스톤, 슐라미스(1983), 『성의 변증법』, 김예숙(역), 서울: 풀빛(Firestone, Schulamith, *The Dialectic of Sex: the Case for Feminist Revolution*, New York : Morrow, 1970).

푸코, 미셸(1993), 『임상의학의 탄생』, 홍성민(역), 서울: 인간사랑(Foucault, Michel, *Naissance de la clinique*, Paris: Presses Universitaires de France, 1972).

한국의료윤리교육학회(2001), 『의료윤리학』, 서울: 계축문화사.

Martin, Norah(2003), "Physician-Assisted Suicide and Euthanasia: Weighing Feminist Concerns", Flore, Robin N., Hilde L. Nelson and Norah Martin, *Recognition, Responsibility, and Rights*, Lanham, Md.: Rowman & Littleton.

Nelson, Hilde L. and James L. Nelson(1995), "Medical Decisionmaking", *The Patient in the Family: An Ethics of Medicine and Families*, New York and London: Routledge.

Raymond, Diane(1999), "Fatal Practices: A Feminist Analysis of Physician-Assisted Suicide and Euthanasia", *Hypatia*, vol.14, no.2(spring 1999), pp.1-25.

Wolf, Susan M.(1996), "Gender, Feminism and Death: Physician-Assisted Suicide and Euthanasia", Wolf, Susan M.(ed.), *Feminism and Bioethics: Beyond Reproduction*, New York: Oxford University Press.

신문 자료

"'자살여행', 영국여성 스위스 병원서 임종", ≪연합뉴스≫, 2004년 12월 5일 자.

"36년 식물인간 인도여성 '죽을 권리 달라'", ≪헤럴드생생뉴스≫, 2009년 12월 17일 자.

"못난 형을 용서해라. 간병하던 동생 결국 살해", SBS TV, 2006년 1월 9일 자.

"안락사 의사 명예훼손 소송 패소", ≪한국일보≫, 2001년 4월 24일 자.

"안락사 의사 케보키언에 실형 선고", ≪부산일보≫, 2005년 4월 11일 자.

"짐 되기 싫다. 80대 할아버지, 아내 살해 뒤 음독", SBS TV, 2004년 12월

15일 자.

강경윤, "'죽게 내버려두세요' 문신 새긴 영(英) 할머니", ≪서울신문≫, 2011년 9월 9일 자.

고성호, "안락사 결정, 남편이 옳았다", ≪한국일보≫, 2005년 6월 16일 자.

고지희, 독일 "환자의 '죽을 권리' 줘야…… 안락사 인정", ≪헤럴드생생뉴스≫, 2010년 6월 26일 자.

곽민영, "유럽인권법원 적극적 안락사 不許", ≪동아일보≫, 2002년 4월 30일 자.

구정은, "의식은 멈췄지만 엄마는 강했다", ≪문화일보≫, 2005년 8월 4일 자.

김승진, "1998년 미 CBS 안락사 장면 방영", ≪동아일보≫, 2004년 11월 21일 자.

김지수, "존엄사 논란 '김 할머니' 201일 만에 별세", ≪매일경제≫, 2010년 1월 11일 자.

문정식, "스위스 자살방조단체 독일진출 논란", ≪연합뉴스≫, 2005년 10월 6일 자.

박상철, "캐나다서 중증장애 아내 안락사 도운 남편 체포", ≪연합뉴스≫, 2005년 7월 13일 자.

윤창수a, "스위스 로잔병원 안락사 허용", ≪서울신문≫, 2005년 12월 19일 자.

윤창수b, "시아보 안락사 당시 뇌손상 심각", ≪서울신문≫, 2005년 6월 17일 자.

조명신, "아내를 향해 방아쇠를 당긴 남편", ≪오마이뉴스≫, 2006년 5월 1일 자.

'죽음의 의사' 잭 케보키언 사망…… '환자들 죽을 권리' 주장, ≪매일경제≫, 2011년 6월 4일 자.

천지우, "미 안락사, 샤이보 남편, 아내 사망 열 달 만에 재혼", ≪국민일보≫, 2006년 1월 23일 자.

"캐나다 부부 소송 '의사의 도움을 받아 편안하게 죽을 권리를 달라'", ≪쿠키뉴스≫, 2011년 4월 27일 자.

드라마, 영화 자료

전수일 감독(2003), <나는 나를 파괴할 권리가 있다>, 프랑스, 한국, 90분.

윤재문 감독, 조명주 극본(2005), <가을 소나기>, MBC-TV.

신호균 감독, 배유미 극본(2006), <진짜 진짜 좋아해>, MBC-TV.

이스트우드, 클린트 감독(2004), <밀리언 달러 베이비>, 미국, 133분(Clint, Eastwood, "Million Dollar Baby").

아메나바르, 알레한드로 감독(2007), <시 인사이드>, 스페인, 프랑스, 이탈리아, 125분(Amenábar, Alejandro, "The Sea Inside").

카사베츠, 닉 감독(2009), <마이 시스터즈 키퍼>, 미국, 109분(Nick Cassavetes, "My Sister's Keeper").

VII

. . .

삶의 과정으로서
죽음에 관한 인식[1]

자연과 인간, 삶과 죽음, 독립과 의존, 보살피는 자와
보살핌을 받는 자의 관계는 위계적인 것이 아니라
그물망 속에서 호혜성이 확보된다.

---

1) 이 글은 『여성건강』 8권 1호(2007)에 게재된 논문 「삶의 과정으로서 죽음에 관한 고찰」을 수정, 보완
한 것이다.

1. 죽음과의 불편한 만남

죽음은 삶과 늘 가까이 있으면서도 인간은 일상에서 드물게 일어나는 현상처럼 인식한다. 인간이 태어나서 나이 들고 죽는 것은 자연적인 현상이지만, 죽음은 여전히 낯설고 멀리 있는 것이다. 그럼에도 죽음을 잊고 사는 것이 긍정적이라고 믿는 이유는 무엇인가. 사람들은 왜 죽음을 두렵고 불편하게 생각하는가.

근대의 '합리적' 남성 주체들은 과학기술을 통해 가변적이고 위협적인 자연과 여성의 몸을 통제해왔다. 그럼에도 몸은 여전히 부담스러운 존재이자 골칫덩어리였다. 인간이 자신의 몸을 변형시키거나 효율적으로 지배할수록 주체성을 확보할 수 있다는 근대인의 신념은 운동 및 식이요법, 웰빙 문화의 열풍 속에서 여전히 지속된다. 그러나 인간이 자신의 몸을 관리하고 정기검진을 통해 질병을 예방한다면 젊음을 유지하고 장수할 수 있다는 신념은 우리의 삶에서 죽음의 그림자를 인정하지 않는 결과를 초래한다. 암과 같은 질병에 걸린 사람은 자기관리를 하지 못한 사람으로 그에 대한 책임을 물으면서 도덕적으로 비난받기도 한다(손택, 2002). 과학기술은 죽음과 나이듦을 비정상적이고 병리적인 것, 장애와 질병으로 다루고 있다(모랭, 2000: 353). 현 사회에서 죽음과 나이듦은 장애와 질병처럼 관리되고 예방되고 최소화되어야 하는 것이다. 그러나 인간은 언젠가는 죽는다. 죽음이라는 한계에 부딪힌 인간은 공포 속에서 살아가는데, 죽음이 비가시화될수록 죽음에 관한 공포는 우리의 삶을 깊숙이 지배한다.

이 글은 젊음, 생산성, 효율성, 빠른 속도, 개발이라는 자본주의 가치에서 쓸모없는 죽음이 과연 비정상적이고 나쁜 것인가 하는 의문에서 출발한다. 과학기술의 진보는 실험실 안에서 인간의 생명에 관해 많은 조작을 가능하게 했고 유아사망률을 줄이고 많은 질병의 원인을 밝혀냈고 평균수명을 연장시켰다. 현재 인간은 회복될 수 없는 상황에서도 의료장치에 의존해서 병원에서 생명을 연장하고 있다. 하지만 평균수명이 짧았지만 나이듦과 죽음을 연속선상에서 해석했던 시절보다 과연 인간으로서 존엄성을 보장받으면서 살고 있는가에 대해서는 의문이다. 이 글은 이러한 문제의식 속에서 삶의 과정으로서 죽음을 인식하는 것이 어려운 이유를 고찰하고 죽음을 인식하지 못할 때에 어떠한 일이 발생하는지 살펴본다. 또한 임신, 출산, 양육, 장애인, 환자, 노인 보살핌, 죽음은 여성의 경험과 맞물려 있다. 이 글은 여성주의 관점에서 종교, 설화 및 생태주의 문헌과 죽음을 다룬 영상자료를 분석함으로써 우리 사회에서 죽음에 대한 인식을 고찰하고자 한다.

2. 죽음, 삶의 그림자

1) 나이듦과 죽음의 거부

근대에 철학과 종교가 분리된 이후 신의 자리를 대신해서 철학은 죽음을 어떻게 해석하고 극복할 것인가를 고민했다. 죽음은 많은 철학자들이 논의해온 주제다. 인간은 죽음과의 공포스러운 대결 속에서 불안, 신경증, 허무를 체험하고 죽음 안에서 철저히 혼자가 되는 고독감을 경험한다(모랭, 2000). 그러나 인간은 자신이 죽는다는 것을 인정한다 하더라도, 무의식중에 나에게만은 결코 죽음이 적용되지 않는다는 잘못된 믿음을 갖고 있다(큐블러-로스, 1998: 18). 이러한 상황에서 인간은 죽음을 극복하기 위해 삶에서 죽음의 그림자를 없애거나 죽음을 연장하고자 노력해왔다. 평균수명의 연장과 고령인구의 증가는 나이듦과 죽음의 문제를 가시화하는 한편, 삶에서 죽음을 최대한으로 밀어내는 결과를 낳고 있다. 연령차별 속에서 '나이는 숫자에 불과하다'고 주장하면서 생산성이나 소비의 주체가 되고자 하는 노인 문화는 젊음의 신화를 창조하는 역설을 보여준다.

제이보스는 여신 헤카테(Hecate: 노파, 파괴자)를 통해 도시인의 죽음 대면을 설명한다(제이보스, 1996: 318). 헤카테는 지하세계로 인도하는 죽음의 안내자, 지혜를 상징하며 아르테미스(Artemis: 창조의 모체), 셀레네(Selene: 보존자)와 함께 서구문화의 대표 여신이다. 제이보스는 도시인들이 노숙하는 노인여성을 만나면서 죽음 공포를 경험하지만, 나이듦과 죽음에 대해 성찰하지 못한다고 비판한다.

노인들은 주변의 친구나 친척이 죽어갈 때, 몸이 아프거나 몸의 변화를 절감할 때, 역할 상실을 경험할 때 죽음을 자각한다(이지영·이가옥, 2004: 201). 이런 의미에서 나이듦은 죽음을 삶으로 끌어들여 사고할 수 있는 통찰력을 제공한다. 가족이나 친구나 아는 사람의 죽음은 일상에서 일어난다. 그러나 그것은 마치 우리의 삶에 큰 영향을 주지 않는 사건인 것처럼, 죽음으로 인한 상실감이나 슬픔을 '극복'해야 할 과제로 받아들인다. 죽음은 우리의 삶에서 사랑하는 사람을 빼앗아가는 '상실'로서 삶의 리듬을 깨뜨릴 수 있는 위협적인 요소다(Woodword, 1991: 111). 또한 죽음은 생산성과 활동성을 중시하는 자본주의 사회에서 앞에서 열심히 달려가는 우리의 삶을 주춤하게 하는 어두운 그림자이고 산 자를 유약하게 하며 피곤하게 하는 사건이다.

건강관리와 정기검진 등을 통해 몸이 관리될 수 있고 몸을 책임져야한다는 사고 속에서 질병이나 나이듦, 죽음은 주변화되고 생명을 잃어가는 것으로 부정적으로 인식된다. 나이듦은 세월의 흐름에 따라 인간의 세포 기능이 쇠퇴하고 자기정화적 힘이 점진적으로 약화되는 생물학적 현상이지만, 나이듦을 받아들이지 않거나 나이듦을 부정하는 사람들의 태도에는 연령차별이 사회적으로 팽배해 있음을 엿볼 수 있다(모랭, 2000: 354; 보부아르, 1994). 나이듦은 연장자의 풍부한 경험, 직관이나 지혜가 평가되기보다 젊음에 비해 시대에 뒤떨어지는 것, 숨겨야 할 것으로 폄하된다. 이러한 현실에서 노인은 '젊음'이라는 가면을 쓰고 좀 더 젊어 보이기 위해 노력한다. 노년기는 나이를 평가절하하고 사회적으로 나이든 몸을 가려야 하는 것으로 이해하고 노인의 몸을 자연스럽지 않고 그로테스크한 것으로 만든다(Woodword, 1991: 148, 151). 나이듦과의 전쟁은 눈물겨운 것이고 나이듦을 인정하기보다 거슬러 올라감으로써 영원한 젊음의 신화는 강화된다. 이와 같이 젊음의 찬미는 나이듦에 대한 차별을 내포한다.

2) 생태계의 법칙과 인간의 죽음

죽음의 분리는 삶 안에서 일어나는 죽음을 마치 '없는 것'처럼, '피할 수 있는 것'처럼 왜곡한다. 삶과 죽음의 분리는 집에서 병원으로 죽음의 공간이 이동한 것과 관련된다. 병원의 장례식장을 환자들이 삶의 의지를 잃지 않도록 지하나 구석진 곳에 설치하거나, 땅값이 떨어진다는 이유로 지역주민들이 전문 장례식장의 건설에 반대하는 것은 우리 사회의 죽음에 대한 공포와 금기를 보여준다(송현동, 2005: 222, 229).

장자는 "하늘과 땅은 무궁하지만 사람은 때가 오면 죽게 마련이다. 이 유한한 몸을 무궁한 천지 사이에 맡기고 있기란 준마가 문틈을 휙 지나가버리는 것과 같다(莊子, 讓王 편, 류성태, 2001: 43)"고 말한다. 즉, 장자는 인간이 나이가 들면 죽는 것은 당연한 것이고 세월의 흐름은 빠르다고 강조한다. 그리스 신화에서도 인간의 죽음은 회피할 수 없는 것이고 몇몇 영웅을 제외하고 인간은 죽은 자의 세계와 산 자의 세계를 왕래할 수 없는 존재로서 묘사된다(장영란, 2004). 이와 같이 죽을 운명에서 벗어나는 인간은 없지만, 우리는 죽음을 인식하지 않고 사는 것이 행복이라고 간주한다.

불교의 창시자인 싯다르타의 부모는 아들의 방황을 염려해서 생로병사의 실재를 보여주지 않으려고 했다. 그러나 부모의 갖은 통제에도 불구하고 싯다르타는 생로병사가 인간의 일상이라는 것을 체험할 수 있었다. 싯다르타는 산책을 하다가 백발의 노인을 만나 누구나 나이가 든다는 사실을 알았고 병자를 만나 질병의 괴로움을 배웠으며 장례행렬을 보고 세상에 태어난 자는 반드시 죽는다는 사실을 깨달았다. 결국 싯다르타는 생로병사의 고통을 해결하기 위해 부귀영화가 보장되는 왕자의 신분을 버리고 궁궐을 나온다. 싯다르타는 죽는다는 사실을 슬퍼해야 할 것이 아니라 모든 사람이 죽는 존재라는 것을 깨닫고 죽음을 응시하면서 살아야 한다고 가르쳤다(김영미, 1999).

삶 속에서 죽음을 응시하는 것은 정신 건강에 좋지 않거나 염세적이 되는 것이 아니다. 죽지 않으려는 인간의 욕망은 생태계의 법칙에 따른 성장, 소멸, 재생의 순환, 즉 밥이 똥이 되고 거름이 곡식이 되는 생태계의 질서를 인정하지 않는 것이다(임재해, 2002). 생태계의 그물망 속에서 인간은 누군가의 보살핌과 영양분 덕분에 살아왔지만 누군가의 거름이 되기를 주저한다. 이것은 자연을 타자화하고 실험이나 이용의 대상으로서만 바라보려는 태도와 관련된다. 죽음 거부는 삶을 왜곡시킬 뿐 아니라 죽음 속에 접혀진 삶, 삶 속에 접혀진 죽음을 직시하지 않으려는 사고와 연결된다. 타자와의 공존을 무시한 주체의 무한한 삶의 의지는 죽음 앞에서 변화를 요청한다.

종교에서는 죽음을 자연이나 고향, 원래의 자리로 돌아가는 것이라고 가르친다. 현세의 종교라고 인식되는 유교에서도 죽음이란 혼백이 분리되는 것, 자연으로 돌아가는 것, 본래의 상태로 돌아가는 것으로 이해한다(최영갑, 2007: 11). 천도교에서는 사람의 영혼이 원래 있던 자리로 돌아갔다는 의미에서 사람이 죽으면 환원(還元)이라고 하고, 원불교에서는 죽음을 새로운 생명의 시작으로 보며 떠나온 고향으로 돌아가는 것이라고 한다(강성경, 2001). 또한 성서에는 "흙에서 난 몸이니 흙으로 돌아가기까지 이마에 땀을 흘려야 낟알을 얻어먹으리라. 너는 먼지이니 먼지로 돌아가리라(창세기, 3장 19절)"라는 구절이 있다. 인간이 온 곳이 자연이므로 자연으로 돌아가는 것이 원래 있던 곳으로 돌아간다는 뜻이다. 『장자(莊子)』에서는 삶과 죽음이 다른 것이 아니고 삶이 죽음에 가까운 것으로 인식한다. "죽음이란 활집이나 옷 주머니를 끄르듯이 하늘에서 받은 형체를 떠나 육체가 산산이 흩어지고, 정신이 이 형체를 떠나려 할 때 몸도 함께 따라 무로 돌아가는 것이며 도로의 위대한 복귀인 것이다 (莊子, 知北遊 편, 류성태, 2001: 41 재인용)."

장자는 삶과 죽음의 명확한 이해보다 회의론적 입장을 견지하지만, 죽음과 삶은 자연의 법칙으로서 어느 누구도 벗어날 수 없음을 명시한다 (류성태, 2001: 40). 죽음에 대한 수용은 삶의 과정에서 가려진 생명의 탄생, 성장, 소멸, 재생 등의 변화에 민감하게 하고 죽음을 삶의 과정으로서 이해할 수 있게 한다.

3) 죽음과 여성혐오

여성의 몸은 월경, 임신, 출산, 수유를 통해 변화한다. 생명과 죽음의 경계에 서서 여성의 몸은 자연처럼 고유한 질서를 갖고 있지만 기술에 의한 통제가 필요한 것으로 폄하되어왔다. 월경을 하는 여성의 몸은 불안하고 오염된 것으로 간주되어왔다. 여성들은 월경을 하는 동안 종교의식에 참여하지 못하거나 월경을 한다는 이유로 성직을 수행하지 못하는 등의 차별을 감수해야 한다. 또한 여성은 생명의 창조와 보살핌에 참여해왔지만 이러한 역할은 높은 평가를 받지 못했다. 여성이 생명을 낳고 먹이고 기르고 아픈 사람을 보살피고 생명을 살리는 것은 사회를 유지하는 중요한 활동임에도 불구하고 근대의 합리적 이성에 기반을 둔 사회구조와 문화 속에서 계속 부정되어왔다. 세리 오트너는 여성이 자연과 유사해 보임으로써 차별받아야 했던 이유를 세 가지로 제시한다(Ortner, 1974). 첫째, 문화를 담당하고 기술, 상징 등을 통해 창조성을 인정받은 남성과 달리, 여성은 출산, 수유, 양육을 통해 자연의 영역에 종사하므로 동물과 가까운 존재로 열등하게 인식된다. 둘째, 고등교육을 담당하는 남성에 비해 여성은 유아나 아동의 초기 사회화에 관여함으로써 자연과 유사해 보이고 열등한 존재로 취급된다. 셋째, 여성은 대상과의 거리두기를 통해 객관적·추상적 범주와 관련된 이성적 사고를 하는 남성과 달리, 구체적·상황적 맥락에서 감정적·주관적 범주와 관련되므로 남성보다 비이성적이고 자연에 가까운 존재로 다뤄진다.

한편 죽음이 여성으로 말미암은 것이라는 여성혐오와 폄하는 서구의 역사에서 뿌리 깊다고 할 수 있다. 남성은 에덴동산의 아담이 잃어버린 불멸성과 영원성을 포기하지 못하고 죽어야 할 운명의 타자인 여성을 부정함으로써 희생양을 만들어낸다(류터, 2000: 168). 여성의 몸에 대한 폄하는 아담과 하와가 에덴동산에서 쫓겨나는 과정과 관련된다. 에덴동산에서 알몸으로 살면서 부끄러운 줄 모르던 아담과 하와는 뱀의 꼬임에 빠져 생명나무의 열매를 따 먹었기 때문에 에덴동산에서 쫓겨나서 노동해야 하고 아이를 낳고 기르고 죽어야 한다. 남성들은 낙원에서 살지 못하고 고생하고 죽게 된 것이 여성의 탓이라고 비난한다.

아담이 낙원을 포기하고 하와와 함께 사는 것은 죽음을 의미하지만, 그 이면에는 사랑의 열망이 있기 때문이다(Dollimore, 1998: 97-98). 남녀 간의 성적 쾌락이나 황홀경은 죽음에 비유되고 사랑은 자기파괴 안에서 먼지처럼 사라지는 것이다(Dollimore, 1998: 70). 근대 남성 작가들은 성적 쾌락을 통해 죽음에 가까워지고 생명을 빼앗는 관능적 자극, 삶과 죽음 사이의 성적 투쟁, 죽음 욕망을 통해 글쓰기의 영감을 얻었고, 특히 바타이유는 남성들이 여성과의 성행위를 통해 자아상실을 경험하면서 죽음과 합일된다고 해석했다(브리스토우, 2000: 163-178).

여성들은 출산을 통해 삶과 죽음의 경계를 넘나들면서 죽음에 가까운 존재로 인식된다. 이러한 경험을 하지 못한 남성들은 죽음을 체험한 여성들의 무한한 힘에 죽음 공포를 느끼면서 여성의 몸을 폄하하게 되었다고 해석한다(김혜순, 2002). 성서에서는 "나는 또 여자란 죽음보다도 신물 나는 것임을 알았다. 여자는 새 잡는 그물이다. 그 마음은 올가미요, 그 팔은 사슬이다(전도서, 7장 26절)"라고 여성을 비난한다. 이러한 남성들의 여성 혐오는 죽음 부정, 삶에서 죽음을 분리시키는 결과를 가져왔다.

3. 죽음의 의료화와 선택의 배제

1) 최선의 선택으로서 병원의 죽음

근대 임상의학에서 죽음은 차가운 벽으로 둘러싸인 병원에 갇혀 홀로 죽어가는 것, 냄새를 풍기면서 썩어가는 시체의 이미지, 죽음과 의사의 싸움에서 죽어가는 것은 환자로 해석된다(진중권, 1997. 209-210: 232-245). 병원은 죽어가는 환자를 위해 호스피스 병동이나 임종실 등을 마련함으로써 부정적 이미지를 개선하고 최대한의 서비스를 제공하려고 하지만, 친밀한 사람에게 정성스런 보살핌을 받으면서 집에서 편안하게 죽고 싶다는 욕구를 없애지는 못했다.

생태적 환경 속에서 소박한 삶을 살다간 스콧 니어링과 헬렌 니어링 부부는 죽음의 결정에 많은 시사점을 제시한다. 스콧 니어링은 죽음이란 사람의 몸에서 생명력이 빠져나가면서 먼지로 바뀌지만 다른 모습을 띤 삶이 그 생명력을 받는 것이라고 믿었다(니어링, 1997: 207). 그는 죽음이란 자연으로 돌아가는 것이고 다른 방식의 생명의 시작이고 변화라고 믿었다. 그들은 죽음의 과정을 "뒤틀린 떠남이나 쾅 닫힌 문"이 아니라 "조화로운 정점이나 절정"으로 보면서 죽음의 중요성을 역설한다(니어링, 1997: 209). 스콧과 니어링 부부의 선택은 죽어가는 노인의 보살핌을 위해 좋은 요양시설이나 병원을 마련하는 것, 의료, 간호, 간병에 관한 전문인력을 양성하는 제도화가 인간을 위한 최선의 선택인가 하는 의문점을 제시한다. 이러한 관점에서 노인 보살핌의 제도화나 의료적 개입은 죽음의 과정이 의료화됨에 따라 인간이 죽음에 적극적으로 참여하지 못하고 의료의 대상으로서 타자화되고 소외될 수 있다.

"죽어가는 많은 이들은 병원의 치료실에서 낯선 사람들 속에 고립된 채 생의 마지막 시간을 보내게 된다. 즉, 의사들의 고집스런 시도는 마지막 몇 시간만이라도 버림받지 않은 상태로 있으려는 환자들의 희망을 앗아가고 마는 것이다(차미영, 2006: 179)."

병원이나 시설보다 집에서 죽고 싶다는 노인들의 욕구는 여성의 보살핌에 대한 부담을 증가시키거나 국가의 책임보다 개별 가족에게 보살핌을 부담하고 전가한다는 이유로 여성주의자들에게 불편한 것으로 인식되었다. 병원이나 시설의 전문적이고 숙련된 직원의 보살핌은 가족들의 미숙련된 보살핌을 받는 것보다 환자에게 유익할 수도 있다. 사적 영역에서 비가시화된 여성들의 노동으로 이루어졌던 죽어가는 사람들에 대한 보살핌을 공적 영역으로 이끌어내고 지역사회나 국가 정책에 반영하고 예산을 할당하고 전문인력의 질을 관리하는 것은 여성의 부담을 줄여주고 공유한다는 점에서 환영할 만한 일이다. 그러나 시설이나 병원으로 노인들을 밀어 넣고 죽음을 관리하려는 계획은 보살핌의 가치를 다른 방식으로 평가절하하고 죽음을 의료장치 안에서 선택을 제한함으로써 또다른 위험성을 내포한다. 죽음을 제도화하고 공적 영역으로 이끌어냈다 하더라도, 죽음을 가시화하는 것이 아니라 시설이나 병원이라는 주변화되고 폐쇄된 공간으로 몰아넣고 관리함으로써 죽음을 격리시키기 때문이다.

2) 아름다운 죽음: 죽음의 시기와 방법

스콧과 헬렌 부부는 병원이나 양로원에서 노년기를 보내기보다 생태적 환경에서 몸을 움직일 수 있을 때까지 살다가 죽음에 이르는 것을 아름다운 죽음이라고 생각했다. 스콧은 100세가 다가오자 더 이상 음식을 먹지 않겠다고 선언했고 죽음을 받아들였다(니어링, 1997: 232). 스콧은 지붕 없는 자연 속에서 약물의 도움 없이 죽음의 과정을 예민하게 느꼈고 주위 사람들에게 기쁨과 평화로움을 나눠주며 죽어가고자 했다(니어링 1997: 232). 이렇게 죽어가는 과정은 인간이 스스로 죽음을 선택한다는 점에서 생명윤리에 관한 논쟁을 불러올 수 있다.

한국의 노인여성들은 나이들어 몸져누워야 하는 상황이 되면 자녀들이 눈치 채지 못한 가운데 음식을 거부함으로써 죽음을 앞당기는 경우가 있었다. 어머니로서 자녀들에게 천덕꾸러기나 짐이 되지 않기 위해 곡기를 끊는 할머니들의 행위는 자녀들에게는 "어머니가 몸이 좋지 않아 음식을 못 드시는구나" 하는 의미로 잘못 해석됐다. 노인여성의 단식은 평생 가족을 위해 고생했지만 정작 보살핌을 받을 수 없는 상황에서 최선의 선택일 수 있다. 산업화된 사회에서 인간은 의식주를 자급자족적으로 해결할 수 없는 존재임에도 불구하고, 장애, 노인 등 신체적 한계 때문에 타자의 도움을 필요로 하는 사람들을 의존으로 해석한다(Wendell, 1996: 144-150). 인간은 관계 속에서 타자에게 의존할 수밖에 없고 타자와의 관계는 상호의존적인 존재임에도 불구하고 독립적이고 자율적인 존재로 착각하면서 살아간다. 불행하게도 사회는 '정상적인' 능력을 잃고 타인에게 의존하는 것을 인간의 존엄성을 훼손하는 것으로 해석하므로 죽어가는 과정에서 인간은 모멸감과 존엄성의 손상을 경험한다(바이옥, 2001: 146). 이러한 맥락에서 의료적 혜택을 제대로 받지 못하는 취약한 집단인 노인여성에게 병원의 치료를 지원하는 정책이 최선일 수 있다는 결론에 이르게 된다.

그러나 병원에서 죽는 것이 이상적인 것만은 아니다. 의료장치에 의존해서 생명을 연장하고 있는 노인들이 치료를 중단하는 것은 죽음을 결정하는 것이고 병원에서 치료를 받기보다 개인의 삶의 질을 고려한 행위다. 우리나라에 전해오는 고려장과 유사한 내용을 담은 일본 영화 〈나라야마 부시코(1982)〉는 노인여성의 곡기를 끊는 행위를 '피해'의 수준에서 해석하지 않는다. 어머니 오린은 일정한 연령이 되기도 전에 아들의 지게를 타고 산으로 간다. 이러한 행동은 가족들의 식량을 해결하기 위해 노인들을 산으로 보내는 풍습에 따른 것이다. 산에 가지 않겠다고 떼를 쓰고 삶에 집착을 보이는 이웃의 할아버지와는 달리, 어머니의 의연함은 죽음을 맞이하는 사람의 성숙한 태도를 보여준다. 오린은 먹잇감을 물색하는 무시무시한 까마귀의 공격을 언제 받을지 모르고, 아사의 고통과 죽어가는 과정에서 느낄 외로움을 예견하면서도 죽음을 순순히 받아들인다. 하늘에서 내리는 눈을 맞으면서 죽음을 기다리는 오린의 모습은 어머니의 희생으로 해석될 수 있지만 의연하게 죽음을 맞이하려는 인격적으로 성숙한 태도를 보여준다. 이러한 선택은 증산교의 창시자 강증산의 죽음과 연관 지을 수 있다. 강증산은 "일을 꾸미는 것은 하늘이요, 일을 이루는 것은 사람이다"라는 마지막 가르침을 신도들에게 남긴 후에 단식과 독주(毒酒)로 목숨을 끊었다고 한다(김지하, 2004: 78-79). 강증산에게 죽음은 자신의 몸을 민감하게 느끼는 것이고 인간과 인간을 둘러싼 우주의 그물망 속에서 우주와 감응하면서 우주를 재판하고 자신의 몸을 재조직하는 것이다. 이러한 죽음은 자살이 아니라 죽음의 과정에 적극적으로 참여하는 주체적 행위다.

인간이 죽음의 시기를 결정하는 것은 생명과 관련된 문제로 돌이킬 수 없는 결과를 가져오므로 신중해야 한다. 그러나 오늘날 의료적 처치를 거부하고 스스로 죽음의 시기를 결정하는 것은 존엄사와 관련해서 긍정적으로 해석될 수 있다. 〈나라야마 부시코〉의 어머니, 스콧과 헬렌 니어링, 곡기를 끊는 노인여성은 인간의 존엄성을 유지하면서 죽음의 시기와 방법을 주체적으로 선택하는 예다. 이러한 결정은 하나의 대안으로 고려될 수 있다.

4. 잘 살기 위한 죽음준비와 여성의 경험

죽음 인식은 죽음을 삶의 과정으로 받아들이고 죽음을 배제한 왜곡된 삶을 회복하는 과정이다. 죽음을 앞둔 인간은 삶의 의미나 시간과 같은 주제들을 고민하고 지금까지 살아온 어떤 시간보다 남아 있는 시간을 소중하게 여기고 적극적으로 삶에 임하게 하므로, 말기암 환자들은 죽어가는 과정에서 인격적으로 성장한다(디켄, 2006: 12-13). 죽음을 인식하는 인간은 남은 시간을 보다 창조적으로 만들어낼 수 있다. 그러나 시한부 인생을 살아가는 환자는 죽음의 시기를 짐작하고 자신의 삶을 설계하는 만큼, 대부분의 사람은 삶에 쫓겨 바쁘게 살아가므로 주어진 시간에 감사하면서 살아가지 못한다. 사람들은 죽음 공포 때문에 불의의 사고에 대비해서 생명보험을 들어놓고 경제적인 문제에 대비한다. 하지만 경제적 자원만으로 죽음을 준비할 수 있는 것만은 아니다.

원불교에서 죽음준비란 삶과 죽음을 무시무종(無始無終)의 관점에서 바라보고 마음을 맑고 밝고 바르게 길들이는 일상수행을 함으로써 삶과 죽음이 둘이 아닌 자리를 깨달아 알고 실천하는 것이다(강성경, 2001). 죽음준비는 삶과 죽음을 연관시키고 잘사는 것이 잘 죽는 것이고 삶이 죽음을 위한 준비기간을 의미한다. 가톨릭 수도자와 성직자가 매일 의무로 바치는 『성무일도(한국천주교주교회의 편, 1991)』의 끝기도는 죽음준비의 기회가 된다. 끝기도란 잠들기 직전에 바치는 기도로서, "전능하신 천주여, 이 밤을 편히 쉬게 하시고, 거룩한 죽음을 맞게 하소서. 아멘"으로 끝난다. 매일 밤 잠들기 전에 죽음을 묵상하는 것은 안식이나 휴식을 의미하는 잠을 통해 죽음을 기억하는 것이고, 눈을 감고 잠을 잔 후 다시 일어나지 못할 수도 있다는 한계 상황을 신에게 온전히 맡김으로써 비움과 죽음을 체험하는 것이다. 이러한 점에서 죽음 묵상은 훌륭한 죽음준비다.

근대 사회가 삶과 죽음을 분리시켰다 하더라도, 죽음은 생명을 보살피는 일을 해온 여성의 삶에서 친숙한 것이다. 여성은 남성의 보조자로서 살아왔고 고통스러운 삶을 운명으로 받아들이고 인내하는 과정에서 죽음을 체험한다. 그러나 이러한 과정이 죽어가는 사람을 옆에서 보살펴야 하므로 심신의 고통을 안겨다주는 것만으로 이해되어서는 안 된다. 죽어가는 환자와 함께 앉아 있을 수 있는 힘과 사랑을 지닌 사람들은 죽음을 지켜보면서 '꺼져가는 별'을 바라보는 것과 같은 영적 체험을 한다

(큐블러-로스, 1998: 308). 여성은 성역할로서 아이, 장애인, 환자, 노인을 보살피는 과정에서 생명과 죽음을 민감하게 인식한다. 여성이 남성보다 삶 속에서 죽음을 인식할 수 있었던 것은 무(無), 비천함, 하늘 아래의 땅, 타자로서 침묵하는 존재이기 때문이다. 여성은 가난하고 힘든 상황에서도 아이를 먹이고 병든 자를 치유하고 죽어가는 자를 보살핌으로써 삶과 죽음을 연결하고 삶 안에서 죽음을 직시해왔다. 바리공주 설화는 여성이 삶의 고통 속에서도 삶과 죽음을 연결시키는 화해와 중재의 역할을 해왔음을 보여준다. 바리공주는 일곱째 딸이라는 이유로 부모에게 버림받았지만 부모를 원망하지 않는다. 부모를 살리기 위해 약수를 구하기 위해 죽음을 넘나들고 무장승과 '원하지 않는' 결혼을 하고 아이까지 낳아주고 보살피다가 겨우 약수를 구해 돌아온다. 바리공주는 죽음의 부정적 이미지를 새롭게 변화시키면서 죽은 자에게 길을 안내한다. 바리공주 무가는 현세의 물질적인 복을 비는 재수굿이 아니라 억울하게 죽은 영혼의 한을 달래주고 죽음을 본래의 자리로 보내주기 위한 것이다(정미현, 2004: 130-131). 바리공주는 자신의 선택에 의해 아버지의 집 밖에서 온갖 고생을 하면서 죽음을 체험하지만 자기 생명의 원리를 깨닫고 자유를 발견한다(김혜순, 2003: 313). 바리공주가 무장승과 살았던 저승의 세계는 죽음의 세계이지만 삶의 세계이기도 하다. 그녀는 신이 될 수 있었지만 삶과 죽음을 연결시켜주는 무당을 선택한다. 바리공주가 사람들을 도와주고 그들의 고통이 치유되기를 바랐던 것은 성공과 경쟁을 중시하는 가치 속에서는 설명되지 않는다. 그러나 죽음 뒤에 가려진 것들의 중요성, 생명 감수성, 그리고 어느 누구도 상처받지 않도록 돌보는 행위는 불평등한 성별 권력관계 속에서 차별과 억압을 당해왔던 주변

화된 여성의 위치에서 나오는 통찰력이다. 이러한 여성의 다른 경험은 삶에서 죽음의 의미를 되새기면서 일찍부터 죽음을 준비하게 한다.

한국 여성들은 죽은 영혼의 안식을 위해 의례를 행함으로써, 보이는 세계와 보이지 않는 세계를 연결해왔다. 여성들은 가신신앙이나 무속신앙을 통해 불쌍하게 죽은 영혼을 위해 기도하고 이성중심의 왜곡된 세계를 통전적으로 인식하고 치유하는 힘을 보여주었다. 유교의 공식 제례에서는 자녀 없이 죽은 조상이나 결혼하지 않고 죽은 조상이 배제되었기 때문에, 여성들은 보이지 않는 것까지 섬세하게 보살핌으로써 불쌍한 원혼을 위해 기도했고 죽은 자가 안식을 얻게 해야 한다고 생각했다 (Kendall, 1985). 여성들의 의례행위는 원혼이 가족에게 미칠 부정적인 영향을 염려했고 가족의 수호자로서 성역할에서 비롯한 것이지만, 삶과 죽음을 연결해서 생각하고 보이지 않는 것과 나의 관계를 상호적으로 이해하는 것은 죽음에 다른 의미를 부여할 수 있었다.

여성의 죽음 인식은 구성입자가 쌓여 전체를 이룬다는 분석적·물질적·기계론적 세계관과 대별되는 온그림으로 세계를 이해하는 데이비드 보옴(David Bohm)의 세계관과 연결될 수 있다. 즉, 보옴의 세계관은 접혀진 질서와 옴살스러운 하나의 덩어리로서 세계를 바라보고 전체와 부분의 상호의존적이고 내포적인 관계 속에서 사건을 해석함으로써 모두가 그물망처럼 연결되어 있다는 것을 인식하는 것이다(김재희, 1994: 102-124). 자연과 인간, 삶과 죽음, 독립과 의존, 보살피는 자와 보살핌을 받는 자의 관계는 위계적인 것이 아니라 그물망 속에서 호혜성이 확보된다.

5. 대안적인 장례 방식의 모색

황동규의 연작 시집『풍장(1995)』은 인간이 죽어가는 과정에서 자연으로 돌아가고자 하는 희망을 드러낸다. 바람을 이불삼아 바람과 벗하면서 죽음과 대면하는 과정은 살과 뼈가 썩고 한 줌의 흙으로 사라지는 것을 자연의 법칙, 생태적 순환으로 이해할 때만 가능하다.

> "바람을 이불처럼 덮고/화장(化粧)도 해탈(解脫)도 없이/이불 여미듯 바람을 여미고/마지막으로 몸의 피가 다 마를 때까지/바람과 놀게 해다오." (풍장 1)

> "숲에서 나와/가까이/땅의 얼굴에 얼굴 가까이/그 얼굴의 볼에 가볍게 볼 비비고/그 얼굴의 입에 입 가까이/혀 가까이/목구멍 가까이/가볍게/몸이 가벼워져 거꾸로 빙빙 돌며 떠오르는 곳/회오리바람 이는 곳, 내 죽음 통하지 않고 곧장 승천하는 곳"(풍장 15)

스콧 니어링은 친구들이 임종을 지켜보고 시체에 작업복을 입혀 침낭 속에 넣은 다음, 나무 상자에 뉘어 화장한 후 재를 자신이 살던 땅의 나무 밑에 뿌리기를 바랐다(니어링, 1997: 232). 이것은 수목장의 한 형태로 볼 수 있다. 도시인들은 니어링처럼 자신이 살던 땅의 나무 밑에 묻힐 수 없으므로 수목장을 위한 공간을 모색해야 한다. 수목장(green burials)은 매장(埋葬)이 나무나 금속관의 낭비와 땅을 차지하고 환경오염을 야기한 점을 보완하기 위해 고안되었다(Reoch, 2006: 174). 한국사회에서 수목장은 매장의 풍습에 따라 묘지가 부족한 현실에서 대안으로 고려되었다. 정부는 '장사 등에 관한 법률'을 제정하고 지방자치단체를 중심으로 국공립림을 활용해서 수목장림을 조성했다(≪서울신문≫, 2006년 5월 18일 자). 수목장은 친환경적인 측면과 가족에게 특별한 의미를 부여하기 때문에 새로운 장례문화로 각광받고 있다. 수목장은 인간이 자연으로 돌아간다는 것을 인식하게 해주고 묘지 때문에 훼손된 산림을 살려낼 수 있고 살아 있는 가족이나 지인이 소풍 삼아 찾음으로써 죽음을 친밀하게 느낄 수 있다. 한국사회에서 매장에 대한 선호와 화장에 대한 거부감이 있었지만 장례문화에 관한 의식이 급격히 변화함으로써 수목장이 선호되고 있다.2) 수목장은 삶 안에 죽음을 들여오는 생태적 장례방식으로 다양한 장례방법이 고안되어야 한다.

근대 이전의 마을 공동체는 구성원들이 죽어가는 사람과 함께 죽음을 맞이하고, 죽은 자를 위한 제의를 가족과 함께 치러냈다. 이러한 과정에서 구성원들은 죽은 자와 관계를 맺어온 사람들이고 죽은 자의 기억을 갖고 있는 사람들로서, 장례식에 참여함으로써 죽은 자를 위로하고 죽은 자에 대한 죄책감을 덜어내면서 슬픔을 치유할 수 있었다. 그러나 근대 이후의 죽음이 삶과 분리되었고 삶 속에서 죽음을 기억하는 것은 삶을 잠식하는 장애요인으로 해석되어 사별이라는 아픔을 애도할 공간을 부여하지 않고 사적인 문제로만 한정했다. 최근에 사별의 고통을 치유하려는 자조모임이 활성화되는 것도 죽음에 관한 인식이 변화되고 있음을 드러낸다.

---

2) 통계청의 2011 사회조사 결과에 따르면 19세 이상 선호하는 장례방법은 화장 후 자연장(수목장 등)이 41.1%로 가장 많고, 화장 후 봉안(납골당, 납골묘 등)(39.3%), 매장(17.2%) 순으로 나타났다. 정부는 이동형 화장로를 보급하고 바다, 산골에 대해서도 해양환경관리법을 개정해서 양성화하는 방안을 검토하고 있다(≪뉴시스≫, 2011년 7월 15일 자).

영화 〈안토니아스 라인(1995)〉에서 죽음은 삶과 분리되지 않는다. 첫 장면에서 안토니아는 죽은 어머니가 관에 앉아 노래하는 장면을 목격한다. 이 영화에서는 산 자와 죽은 자가 분리된 것이 아니라 끊임없이 소통하고 있다. 또한 노인이 된 안토니아는 공동체의 모든 사람에 둘러싸여 작별의 인사를 다정하게 나누면서 죽는다. 이 장면은 편안하고 아름다운 죽음의 예를 보여준다. 또한 마지막 장면에서 공동체에서 살다가 죽은 사람들이 산 자들과 뜰에 모여 음식을 먹고 즐겁게 이야기하고 흥겹게 춤추는 장면은 삶과 죽음이 연결되어 있다는 것을 암시한다. 이 영화는 현실과 상상의 경계에 놓여 있지만, 죽은 자들이 기억 속에 잊히고 사라지는 것이 아니라 함께 살아간다는 것을 보여준다. 산 자가 기억하지 못한다 하더라도, 죽은 자의 삶은 살아 있는 사람에게 영향을 미친다.

한편 호주의 원주민들은 아기가 태어날 때와 사람이 죽을 때 "우리는 너를 사랑하고 이 여행길에서 너를 도와주겠다"고 말하면서 축제를 벌인다(차미영, 2006: 153). 영화 〈빅 피시(2004)〉에서 아버지가 꿈꾸는 죽음도 이와 유사하다. 아버지는 고단하고 피곤한 삶에서 벗어나기 위해 어린 아들에게 황당한 이야기를 지어낸다. 아버지의 꿈은 물고기가 되어 자신의 근원인 강으로 돌아가는 것이다. 그리스 신화에서 이 세계와 저 세계 사이에 흐르는 강을 건너가는 것은 죽음의 세계를 건너가는 것이고, 강은 생명력을 의미할 뿐 아니라 죽은 자와 산 자의 경계를 긋는다(장영란, 2004). 그러나 돈 버는 것이 피곤해서 늘 쉬고 싶다는 아버지가 꿈꾸는 장례식은 눈물로 얼룩진 것이 아니라, 큰 물고기가 되어 강으로 돌아가는 자신을 위해 지인들이 모여 배웅하고 밴드가 음악을 신나게 연주하는 가운데 기쁨 속에서 헤어지는 것이다. 미지의 세계로의 출발을

축하하는 잔치는 우리가 체험할 수 없는 장례식의 광경이지만 놀라운 상상력의 공간을 창출한다. 영화 〈안토니아스 라인〉이나 〈빅 피시〉에서처럼, 임종은 고통스러운 것이 아니라 죽음으로 가는 여행이고 자연으로 돌아간다고 한다면 가족, 지인들이 함께 모여 새로운 세상으로 떠나는 사람들을 축복하는 즐거운 잔치가 된다.

6. 삶 속에서 죽음의 공간 만들기

나이듦을 기능의 약화나 질병으로 인식하고 다양한 의학적 처치를 통해 젊음을 회복하는 것이 선으로 통용되는 문화에서, 나이듦을 받아들이는 것이 쉬운 일만은 아니다. 나이듦보다 젊음을 선호하는 사회문화적 맥락에서 죽음은 삶과 분리된다. 죽음은 인간이 통제할 수 없는 영역으로서 근대 남성 주체의 실패와 한계를 드러낸다. 의료기술의 발달로 생명연장은 가능하게 됐지만, 병원에서 의학적 장치에 의존하는 삶이 과연 인간에게 행복을 가져다주었는가 하는 의문과 함께 죽을 권리와 존엄한 죽음을 논의하게 되었다. 생태여성주의 관점에서 제시되는 죽음은 일생 동안 삶에서 죽음을 인식하는 것과 과도한 의료적 처치를 거부하고 죽음에 능동적으로 참여하는 것을 의미한다. 더 나아가 인간이 자연으로 돌아가는 것을 받아들임으로써 인간이 자연보다 우위에 서려는 태도를 지양한다.

인류에게 죽음과 죄를 불러왔다는 이유로 하와의 자손인 여성은 혐오와 부정의 대상이 되어왔지만, 여성은 삶과 죽음을 연결시키고 산 자와 죽은 자를 화해시키고 중재한다. 여성은 생명을 창조하고 기르고 치유하며 환자와 장애인, 노인과 함께하면서 그들을 보살핀다는 이유로 주변화되고 비가시화된 삶을 살아왔다. 그러나 보살핌을 통해 그림자와 같은 삶을 살아오면서 고통과 한을 체험한 여성에게 죽음은 노년기에 생각하는 과제가 아니라 일상이었다. 따라서 공적 영역에서 죽음과 분리되어 살아온 남성들과 달리, 여성은 일생 동안 죽음을 가까이하고 살 수 있었다.

우리는 삶에서 죽음을 기억하고 죽음을 삶 속으로 불러낼 때만이 훌륭한 죽음을 맞이할 수 있다. 죽음을 기억하는 것은 죽음과 가까운 여성의 왜곡된 경험을 새롭게 해석하는 것이다. 또한 죽음으로 인한 가족, 지인의 이별로 괴로워하는 사람에게는 충분히 슬퍼할 수 있고 죽은 자를 기억함으로써 치유의 공간을 마련해주는 것이며, 임종을 맞이한 사람들에게 죽음에 관한 두려움을 완화시켜준다. 이러한 점에서 나이듦과 죽음을 연속선상에서 바라보고 삶의 과정으로 바라보는 것은 죽음을 생명의 탄생만큼 소중한 사건으로 바라보게 해준다.

참고문헌

강성경(2001), 「원불교의 죽음관 일고: 천도품과 생사 편을 중심으로」, 『원
　　불교학』, 제6집, 179-206쪽.

김영미(1999), 「불교의 죽음관」, 『전주사학』, 제7권, 115-127쪽.

김재희(1994), 『신과학산책』, 서울: 김영사.

김지하(2005), 『생명평화의 길』, 서울: 문학과지성사.

김혜순(2002), 『여성이 글을 쓴다는 것은』, 서울: 문학동네.

김혜순(2003), 「허여의 텍스트로서의 무조신화」, 『파라 21』, 2003 가을.

니어링, 헬렌(1997), 『아름다운 삶, 사랑 그리고 마무리』, 이석태(역), 서울:
　　보리(Nearing, Helen, *Loving and Leaving the Good Life*, White River
　　Junction, Vt.: Chelsea Green Pub. Co., 1992).

디켄, 알폰스(2006), 『알폰스 디켄 교수 초청 강연집, 인간의 죽음과 죽어
　　감』, 연세대 간호대학 창립 100주년, 한국죽음학회 창립 1주년.

류성태(2001), 「장자의 죽음에 대한 연구」, 『범한철학』, 제24집, 39-63쪽.

류터, 로즈마리 래드퍼드(2000), 『가이아와 하느님』, 전현식(역), 서울: 이
　　화여대출판부(Ruether, Rosemary Radford, *Gaia & God: an Ecofeminist
　　Theology of Earth Healing*, San Francisco: Harper, 1992).

모랭, 에드가(2004), 『인간과 죽음』, 김명숙(역), 서울: 동문선(Morin, Edgar,
　　Homme et la Mort, Paris: Seuil, 1976).

보부아르, 시몬느 드(1994), 『노년』, 홍상희 · 박혜영(역), 서울: 책세상(Beauvoir,
　　Simone de, *La Vieillesse*, Paris: Gallimard, 1970).

브리스토우, 조셉(2000), 『섹슈얼리티』, 이연정 · 공선희(역), 서울: 한나래
　　(Bristow, Joseph, *Sexuality*, New York: Routelge, 1997).

바이옥, 아이라(편)(2001), 『죽음을 어떻게 살까?』, 홍종현(역), 서울: 다산
　　글방(Byock, Ira, *Dying Well: Peace and Possibilities at the End of Life*,

New York: Riverhead Books, 1998).

손택, 수잔(2002),『은유로서의 질병』, 이재원(역), 서울: 이후(Sontag, Susan, *Illness as Metaphor and AIDS and Its Metaphors*, London: Penguin, 1991).

송현동(2005),「한국사회의 죽음에 대한 태도」,『비교문화연구』, 제11집 2호, 207-243쪽.

이지영・이가옥(2004),「노인의 죽음에 대한 인식」,『한국노년학』, 제24권 2호, 193-215쪽.

임재해(2002),『민속문화의 생태학적 인식』, 서울: 당대.

장영란(2004),「고대 그리스의 죽음과 영혼의 제의의 철학적 의미」,『동서철학연구』, 제31호, 5-24쪽.

정미현(2004),「예수그리스도인가? 바리데기 공주인가?」,『한국기독교신학논총』, 제35집, 127-150쪽.

제이보스(1996),「대도시 속의 여성; 도시환경 안에서의 신성에 관한 고찰」, 정현경・황혜숙(역),『다시 꾸며보는 세상』, 서울: 이화여대출판부 (Diamond, Irene and Gloria Orenstein(eds.), *Reweaving the World: The Emergence of Ecofeminism*, San Francisco: Sierra Club Books, 1990).

진중권(1997),『춤추는 죽음 2』, 서울: 세종서적.

차미영(2006),『죽음의 이해』, 서울: 상상커뮤니케이션.

최영갑(2007),「유교의 상장례에 담긴 죽음의 의미」, 2007년 한국죽음학회 춘계학술대회자료집,『한국인은 죽음을 어떻게 보는가: 종교의 례를 중심으로』.

한국천주교주교회의 편(1991),『소성무일도』, 서울: 한국천주교중앙협의회.

황동규(1995),『풍장』, 서울: 문학과지성사.

Jonathan, Dollimore(1998), "Death, Desire, and Loss in Western Culture", New York: Routledge.

Kendall, Laurel(1985), *Shamans, Housewives, and Other Restless Spirits: Women in Korean Ritual Life*, Honolulu: University of Hawaii Press.

Ortner, Sherry(1974), "Is Female is to Male as Nature to Culture?", Rosaldo, Michele and Louise Lamphere, *Women, Culture and Society*, Stanford University Press.

Reoch, Richard(1996), *To Die Well,* New York: Harper Prennia.

Wendell, Susan(1996), *Rejected Body*, New York, London: Routledge.

Woodward, Kathleen(1991), *Aging and Its Discontents: Freud and Other Fictions*, Bloomington: Indiana University Press.

신문 자료

"이동형 화장로 확대 보급, 수목장 등 장례정책에 반영", ≪뉴시스≫, 2011년 7월 15일 자.

"장례비 싸고 친환경, 이제는 수목장 시대", ≪서울신문≫, 2006년 5월 16일 자.

영화 자료

이마무라, 쇼헤이 감독(1983), <나라야마 부시코>, 일본, 109분(Imamura, Shohei, "The Ballad of Narayama").

호리스, 마를린 감독(1995), <안토니아스 라인>, 네덜란드·벨기에·영국, 100분(Gorris, Marleen, "Antonia's Line").

버튼, 팀 감독(2004), <빅 피시>, 미국, 110분(Burton, Tim, "Big Fish").

이동옥

이화여대 교육학과를 졸업하고 동 대학원 여성학과에서 석·박사학위를 받았다. 현재 이화여대 한국여성연구원 연구교수로 재직하고 있다.
저서로는 『탈근대 아시아와 여성: 공간을 만들다』(공저), 논문으로는 「한국의 장애인 돌봄제도와 모성담론에 관한 연구」, 「여성의 노부모 보살핌 경험에 관한 연구」, 「동물의 고통과 보살핌에 관한 연구: 태국의 사례를 중심으로」, 「노인여성의 모성경험과 보살핌의 가치에 관한 연구」 등이 있다.

나이듦과 죽음에 관한 여성학적 성찰

초판인쇄 | 2012년 3월 8일
초판발행 | 2012년 3월 8일

지 은 이 | 이동옥
펴 낸 이 | 채종준
펴 낸 곳 | 한국학술정보㈜
주   소 | 경기도 파주시 문발동 파주출판문화정보산업단지 513-5
전   화 | 031) 908-3181(대표)
팩   스 | 031) 908-3189
홈페이지 | http://ebook.kstudy.com
E-mail | 출판사업부 publish@kstudy.com
등   록 | 제일산-115호(2000. 6. 19)

ISBN   978-89-268-3176-2 93330 (Paper Book)
        978-89-268-3177-9 98330 (e-Book)

내일을여는지식 은 시대와 시대의 지식을 이어 갑니다.